T0248256

Escuela de conferenciantes

RAQUEL SÁNCHEZ ARMÁN
JESÚS RIPOLL LOPEZ

Escuela de conferenciantes

Cómo convertirte en un speaker *de éxito*

φ

ALMUZARA

EDITORIAL ALMUZARA • MANUALES DE ECONOMÍA Y EMPRESA
Director editorial: Antonio Cuesta
Editora: Ángeles López
Corrección: Natalia Herraiz Troncoso
Maquetación: Joaquín Treviño

www.editorialalmuzara.com
pedidos@almuzaralibros.com - info@almuzaralibros.com

Editorial Almuzara
Parque Logístico de Córdoba. Ctra. Palma del Río, km 4
C/8, Nave L2, n° 3. 14005 - Córdoba

Imprime: Romanyà Valls
ISBN: 978-84-11316-97-2
Depósito legal: CO-813-2023
Hecho e impreso en España - *Made and printed in Spain*

A nuestros *Helpers,* sois pura inspiración.
Gracias por hacerlo tan fácil.
Gracias por hacerlo tan bonito.

ÍNDICE

PRÓLOGO

«La luz viaja más rápido que el sonido. Por eso algunas
personas parecen brillar hasta que abren la boca»,
Albert Einstein.

La historia aquí contada está basada en hechos reales,
como se suele decir, fruto de todos estos años de carretera y manta, acompañando a nuestros conferenciantes de Helpers Speakers, nuestra agencia *boutique* de
representación.

Somos Raquel y Jesús, socios en la vida y en los negocios. Venimos del mundo de la empresa, no somos
unos feriantes, y conocemos muy bien el ecosistema
corporativo.

Hemos asistido a cientos de eventos, a menudo hemos
escuchado horrorizados a ponentes negados para hablar
en público (y lo peor es que no lo saben) y es que… algunas personas son como el vino: ¡están mejor con un corcho en la boca!

Estamos cansados de discursos sin alma, sin identidad,
plagados de lugares comunes: «está en el ADN de nuestra compañía», «la RSC ha venido para quedarse», «la sostenibilidad no es una opción, es una obligación», «las crisis son una oportunidad»… A veces estamos a un bostezo
más de hacernos reversibles.

Saber comunicar es tan esencial como saber leer y escribir, imprescindible en el día a día. Es una habilidad que todos deberíamos entrenar, más aún si pretendes monetizarlo. Un conferenciante no es un vendedor de palabras, sus reflexiones cambian vidas, por eso, además, se necesita acompañarlo de responsabilidad y ética.

Tras la pandemia han resurgido las ganas de «eventear» y se ha experimentado un repunte en la industria de congresos y conferencias. Como efecto colateral, ha proliferado un *spam* de «conferenciantes internacionales» (ironía en modo *on*), expertos, referentes, gurús… Actualmente parece que cualquiera puede ser *speaker*, así ha surgido toda una generación *low cost* de conferenciantes versión AliExpress de Victor Küppers & Co. con mucha prisa por medrar e invirtiendo el mínimo esfuerzo.

Si eres uno de ellos…, ¡¡*vade retro!!* Este libro te puede ayudar en tu camino, pero si crees que después de leerlo ya estarás preparado para lanzarte al ruedo mediático, estás muy equivocado. Hacen falta muchas horas de vuelo y dedicación.

En nuestra Escuela de Speakers y, ahora con este libro, te mostramos los pasos para profesionalizarte (y monetizarlo), pero hace tiempo que llegamos a un acuerdo con Dios: él no imparte conferencias y nosotros no hacemos milagros. Vamos a aportarte herramientas que vas a tener que aprender a usar, fáciles de aplicar y efectivas… También terriblemente inútiles si tú no le pones ganas y constancia.

La primera lección: no es lo mismo hablar que comunicar. Hace falta método y entrenamiento. Además, para hablar bien en público hace falta pensar bien en privado (y a eso, no te podemos enseñar). Decía John Steinbeck que «de todos los animales de la creación, el hombre es el único que bebe sin tener sed, que come sin tener hambre y que habla sin tener nada que decir». Esa es la clave: tener algo para comunicar.

Y un consejo de *bonus track*: baja las expectativas. No te creas la positividad tóxica que se pone en las tazas, esos *happymensajes* que te aseguran que «puedes hacer lo que te propongas, cree en tus sueños, son más reales de lo que piensas, sé tu mejor versión», porque no siempre es verdad. Debemos ser conscientes de nuestras limitaciones, pero con trabajo, pasión y constancia puedes alcanzar muchos de tus objetivos, siempre que sean razonables.

Y este consejo, subrayado con rotulador gordo: supera la fiebre de la prontomanía (¡lo quiero YA!). *Esperar* es un verbo muy difícil de conjugar en la actualidad, los resultados no son mágicos ni de un día para otro; pero sí están cien por cien garantizados.

Sentimos decirte que no hay un ascensor para ser un conferenciante de éxito: hay que coger las escaleras y ascender con esfuerzo. Hablar en público es una competencia que se aprende y mejora con la práctica, la experiencia va dándote trucos y *tips*. Ya lo sabemos, «si la victoria tarda en llegar, las armas pierden filo» (que decía el maestro Sun Tzu en el maravilloso tratado *El arte de la guerra*). Si no funciona pregúntate (pero de verdad) qué te falta, ¿talento o disciplina? No siempre vas a estar motivado, pero cuando decae la moral, allí surgen tu compromiso y constancia.

«Uf..., me da pánico. Yo es que lo paso fatal». ¿Te sientes identificado? Intuimos que asientes, que estamos de acuerdo en que no eres la misma persona cuando hablas en público o en privado. Pensar que vamos a ser capaces, en algún momento, de hablar delante de miles de personas como si estuviéramos en una charla en privado es ciencia ficción.

Si sientes miedo a la hora de hablar en público y lo estás evitando, puedes estar perdiendo oportunidades profesionales. Vivimos en un mundo cada vez más competitivo, por lo que hay que estar más «equipados» que nunca para aprovecharlas, ya que pueden tardar en volver o no hacerlo más.

Potenciar la oratoria desde el colegio ayudaría a adquirir confianza en nosotros mismos a la hora de comunicarnos. Estaríamos más acostumbrados a desenvolvernos en público y a estar expuestos a la incertidumbre que genera la evaluación de los otros.

El dominio de la comunicación requiere conocer las técnicas de la oratoria para saber exponer los argumentos, dominar la comunicación no verbal (el movimiento de las manos, la postura, la voz o el uso de las pausas), transmitir de manera efectiva o persuadir, buscar el punto g de tu audiencia y llevarlos al clímax de la oratoria.

Es imprescindible enganchar a tu audiencia desde el primer momento, si no se le van las vitaminas…, como a las naranjas. El mensaje tiene que llegar al público tanto desde el plano intelectual como desde el emocional, es un dogma innegociable de la neurociencia: si algo te emociona lo vas a recordar.

Muchas personas disfrutan hablando en público, ¿por qué tú no puedes ser uno de ellos? ¡Saca al conferenciante que llevas dentro!

SABER VENDERTE

«Hablar en público se ha convertido
en una vara de medir profesional»,
Mónica Galán.

Saber expresarte correctamente es tu mejor tarjeta de presentación y una herramienta imprescindible en el día a día. No se trata únicamente de transmitir el mensaje, sino que cobra mucha más importancia el cómo lo haces. Incluso aunque nadie sepa de qué les estás hablando, si lo haces con convicción, todos estarán de acuerdo en que tienes razón. La magia de la comunicación.

Una buena oratoria no conlleva únicamente tener fluidez verbal o vastos conocimientos, es necesario aprender a persuadir: sin persuasión no hay éxito ni ventas. Muchas veces tenemos ideas brillantes, pero fallamos en el impacto de la comunicación y en la capacidad de llegada para convencer.

La oratoria es una de las competencias clave (esas manidas *soft skills* que de *soft* tienen muy poco) para ser un gran líder, esencial para negociar con proveedores, persuadir a clientes potenciales y dirigirse a los propios empleados. Ya no vale con tener un título enmarcado. Si quieres que los demás sigan tus directrices, necesitarás comunicar con pasión, aplomo y sobre todo sin temor.

Un buen comunicador —capaz de transmitir credibilidad y confianza— tiene una ventaja competitiva evidente en el trabajo, o en cualquier entorno en el que se desenvuelva. No tienes que estar frente a un gran auditorio para poner en práctica tus dotes, en la vida diaria tienes el foco iluminándote en multitud de ocasiones: presentar resultados de la compañía, pasar una entrevista de trabajo, convencer a los inversores para que apoyen tu *start-up*, defender tu postura en una reunión de vecinos, presentar un trabajo ante tus compañeros, etc. Como dice nuestra querida Inés Torremocha: «¡La vida es venta!».

La mayoría de las formaciones se centran en adquirir conocimientos técnicos, másteres, posgrados... y un sinfín de cursos de capacitación para sobrevivir en la despiadada selva laboral. Es sorprendente cómo se descuida la habilidad de la oratoria. ¡Tiene que dejar de ser la fea del baile!

Cuando las multinacionales nos solicitan sesiones de formación en oratoria, es llamativo comprobar cómo la queja es común: el pésimo nivel de sus empleados españoles en comparación con los anglosajones, formados en este campo desde la infancia. ¿Por qué los españoles comunicamos tan mal en público? Somos un país de charlatanes, nos encanta hablar y damos por hecho que lo hacemos bien porque viene de serie. Y no, la buena comunicación no es una habilidad natural: se aprende, se ensaya y se entrena.

De tu habilidad para comunicarte con soltura dependerá que puedas compartir tus conocimientos o... fracasar en el intento. Puedes ser el profesional mejor cualificado, pero si te limitas a estar en «modo avión» en las redes, tampoco aportas valor en charlas y conferencias, o no concedes entrevistas en blogs o en otros medios, ni fomentas el *networking*..., es probable que formes parte de ese inmenso grupo de profesionales invisibles y conformistas.

Para muchas personas, incluso grandes expertos, exponerse ante una audiencia se convierte en auténtico horror, ya que supone cruzar la alambrada de espinos de la timidez, de los miedos e inseguridades —que todos sentimos o hemos sentido— para dejar huella en otros. ¡Hazte visible!

Helperconsejo: El miedo a hablar en público puede estar limitando tu crecimiento a nivel profesional y mermando tu autoestima. ¡Ponle remedio y afronta sin temor tu próxima salida a escena!

La importancia de hablar bien en público. Y hablarte bien a ti en privado

> «El que sabe pensar, pero no sabe expresar lo que piensa, está al mismo nivel del que no sabe pensar»,
> Pericles.

Tienes una cita importante que te obliga a ponerte de cara al público: el pánico lo invade todo, te tiembla el cuerpo, las manos y hasta las palabras. Sudores fríos, ansiedad, ganas de salir corriendo... y no descartas marearte. ¿Te sientes identificado?

Esta reacción es muy común, en realidad, lo extraordinario es disfrutar hablando en público sin haber pasado por una larga fase de pánico y evitación previa. Churchill lo tenía claro, dijo algo así como «de las cosas que menos me gustan, hablar en público es la que más disfruto». Ya sabes, si lo tienes que hacer, hazlo bien.

El patrón se repite una y otra vez: las personas con problemas para hablar en público son víctimas de una autocrítica limitante que los acorrala y paraliza en un callejón sin salida. Nos juzgamos (y condenamos sin piedad) en un diálogo interior que nos hace estar hipervigilantes al menor fallo... Está bien ser conscientes de nuestros puntos flojos, pero seamos objetivos con la evaluación. A menudo somos nuestros peores enemigos y cuando nos exigimos demasiado, nosotros mismos nos boicoteamos. Como dice Bisila Bokoko a modo de mantra: «lo que crees creas». El miedo a equivocarse desencadena tal ansiedad que es fácil caer en la trampa del inmovilismo y la evitación. La buena noticia es que no pasas ese mal rato sobre el escenario. La mala, todo lo demás.

La anticipación provoca mucha tensión y te hará cometer las equivocaciones que tanto temes. Es imposible hablar en público de una manera relajada si ya de antemano te estás condenando: «me equivocaré y haré el ridículo». Huye también de las comparaciones como «nunca voy a ser capaz de hablar como...» y las generalizaciones, «cada vez que intervengo es un desastre», «todo lo hago mal», que tanto daño te pueden hacer. Es posible (y natural) sentir que en alguna ocasión no hayas estado a la altura de tus expectativas, pero, lo que no es de recibo es menospreciar los resultados positivos.

Admitámoslo, si habláramos a nuestros amigos como nos hablamos a nosotros mismos estaríamos solos. ¡Vamos a hacer una limpieza de fondo y a trabajarnos un poquito la autoestima! Ya te lo dice Ángel Rielo, *el feliciólogo*, «la autoestima hay que llevarla bien alta, porque siempre hay un voluntario dispuesto a bajártela».

Cuando no salvamos lo que nos dificulta escapar de las arenas movedizas, puede enquistarse y llegar a convertirse en una fobia. A veces tú solito te tienes que dar la charla motivacional y exorcizar tus demonios.

Cada vez que superas un desafío, crece la autoestima: te vas a sentir invencible, a prueba de balas y con una inmensa sensación de poder. Además, subes de nivel y pasas pantalla, aquello que te paralizaba de miedo entra a formar parte de las cosas que sí eres capaz de hacer. Esto no quiere decir que ya nunca más vayas a sentir miedo, pero ahora sabes que la forma de enfrentarlo es haciéndolo a pesar de ello, de las dudas y de los nervios. Como dice nuestro amigo el tédax, Julio de la Iglesia, «tener miedo es inevitable, vencerlo es una opción».

¿A qué esperas? adopta el rol de protagonista de tu vida. Una cosa es ser prudente y otra, muy diferente, dejar de hacer un montón de cosas por miedo. Algún día o día uno, de ti depende. En serio, ¿vas a dejar que siga siendo así? ¡Nunca es tarde si la ilusión es buena!

Las cifras apabullan: el mayor miedo (padecido nada menos que por el setenta y cinco por cien de la población mundial) es hablar en público, el segundo temor, la muerte. La lectura está clara, ¿verdad? Si tienes que ir a un entierro…, ¡mejor que lo hagas en un ataúd a tener que ser el encargado de hablar en el funeral! La buena noticia es que tiene remedio: la práctica continuada.

Helperconsejo: Deja de lado esos pensamientos improductivos, son excusas que nos damos para protegernos de «supuestos» peligros. No son una protección, sino un límite para la superación personal. ¡Deja de ponerte palos en las ruedas! «Tienes que ser tu propio *cheerleader*» (de nuevo, palabras de nuestra querida Bisila Bokoko).

Glosofobia y otros *palabros*

· ·

«Hay dos tipos de oradores: los que se ponen
nerviosos y los que mienten sobre ello»,
Mark Twain.

Twain lo tenía meridianamente claro, y es que, por mucha experiencia que se tenga, ese nerviosismo previo a salir al escenario es habitual, hay que ir con prudencia y suavidad, como si fuera la primera vez... o quizás la última. De hecho, está tan generalizado que hasta tiene nombre: *glosofobia*. Podemos decir casi con certeza que tú también lo sufres, las estadísticas hablan por sí mismas (más de las tres cuartas partes del mundo y entre el 20 % y el 30 % de los españoles afirman padecerlo).

Conoces los síntomas (temblores nivel 7,0 en la escala Richter, sudoración modo sauna, corazón latiendo desbocado, voz que se quiebra bajo la presión...). Se trata de una respuesta desproporcionada del sistema nervioso autónomo —daño por «fuego amigo»— que confunde una situación de alerta y la interpreta como una amenaza. Nuestro cerebro reptiliano, sin haber un peligro real, aprieta el botón rojo, se encienden las luces de alarma y el mono que llevamos dentro grita: «¡huye!», como si te estuviera persiguiendo un tigre dientes de sable.

Esta reacción, atávica, primitiva e irracional afecta al sistema cognitivo mermando sensiblemente la capacidad intelectual, imposibilitándote para recordar datos y haciendo que pierdas el hilo... y la madeja.

¿De dónde surge la glosofobia? Como siempre, muchos psiquiatras y psicólogos recurren a traumas infantiles para justificarlo, esos rotitos del alma que aún nos duelen de adultos. Seguro que en algún rincón de tu cerebro se almacena esa vez que se rieron de ti en clase, estabas aprendiendo a leer y cometiste algunos errores, o cuando te eligieron de portavoz para defender un trabajo en grupo (y se equivocaron). El «estrés postraumático» aún continúa... El mensaje que lanza tu cerebro es simple: «hablar en público = dolor». ¿Consecuencia? Una actitud defensiva —con tendencia a la evitación— que provoca que el miedo se haga crónico. Aunque no es lo habitual, hay casos extremos donde es precisa la intervención de un profesional.

El origen de este trastorno también puede estar asociado a la falta de habilidades, una timidez extrema, una débil autoconfianza, falta de práctica, trastornos del habla (tartamudez) que incrementan exponencialmente el miedo a la burla, unos padres sobreprotectores que limitan el potencial de sus hijos... Analiza qué te está limitando a ti mismo, incluso puede subyacer un miedo al éxito que te hace retroceder.

Seguro que sientes «la ansiedad anticipatoria» antes de poner un pie en el escenario, preocupándote horas o incluso días antes (¡menos mal que comerse la cabeza no engorda!). Ese estado de alerta le está concediendo demasiada importancia a los «posibles» errores que pudieras cometer, pero... ¿sabes qué?, tu audiencia quiere que te salga bien, y no te juzgará con esa crudeza, deja de imaginártelos con sus pulgares hacia abajo como si estuvieras en la arena del circo romano.

De acuerdo, a muchos solo nos gusta la presión en la alcachofa de la ducha, pero, de verdad, hablar en público no tiene por qué ser intimidante, es más, llegará a ser divertido y podrás disfrutarlo. ¿Hasta dónde vas a dejar que los síntomas te dominen?

La preparación es el mejor antídoto, tener bien pulida tu intervención es un eficaz cortafuegos. Todo se puede entrenar, como dice Toni Nadal. ¿Acaso crees que los grandes oradores hicieron brillantes intervenciones desde sus inicios? Victor Küppers, Emilio Duró, Mario Alonso Puig…, todos ellos sienten aún los nervios antes de salir al escenario, aunque tengan miles de horas de vuelo acumuladas. Es fascinante comprobar su presencia escénica, el aplomo, la soltura que tienen…, incluso los conferenciantes menos mediáticos suelen resultar hipnóticos.

No te engañes, todo el mundo que habla en público ha superado ese miedo o sabe controlarlo, muchas veces son como un pato en un lago, los ves calmados y por debajo del agua no dejan de mover las patitas para mantenerse a flote. *Aplomo* es la palabra mágica, incluso fingen que lo tienen todo controlado tirando de veteranía.

Tu objetivo es, por tanto, mostrar que tienes la situación controlada, tanto si es verdad como si no. Intentar erradicar del todo tu nerviosismo es un reto demasiado ambicioso, aspira a hacerlo lo mejor posible a pesar de los nervios. ¡Que tu motivación sea siempre mayor que el temor!

El miedo es como la fiebre, señal de que hay lucha. Los nervios no siempre son algo negativo, producen epinefrina (más conocido como adrenalina) que puede darte ese subidón que necesitas para concentrarte. No pasa nada por sentir mariposas en tu estómago. ¡Adiéstralas para que aprendan a volar en formación!

Decía George Jessel (famoso actor, cantante y compositor americano al que nadie conoce): «el cerebro humano empieza a funcionar el día que naces y no se detiene hasta que sales a hablar en público». El nivel de tensión es necesario, ese estado de alerta que nos aporta el «miedo suave» pero no el miedo paralizante. Superar el miedo a hablar en público requiere que te comprometas, tienes que estar dispuesto a sentir ese nerviosismo y convivir con ello o dejarlo ir. ¡Haz que duela más «no hacerlo»!

Sabemos por experiencia que el miedo más intenso es a «ese» instante en el que pisas el escenario, pero te aseguramos que a los dos o tres minutos de estar presentando, te habrás quitado esa pesada mochila.

Por supuesto, no verbalices jamás lo abrumado que estás o que no eres un experto, porque lo que estás proyectando realmente es que no mereces su atención. Queda terminantemente prohibido arrancar con un «disculpen, es que estoy muy nervioso...». Por mucho que creas que te humaniza, si muestras esa vulnerabilidad, tu público va a observar con lupa buscando el error. Y lo encontrarán. Y tú habrás vuelto a la casilla de salida.

Y de regalo, otro palabro... *gelotofobia*, es decir, miedo patológico a hacer el ridículo (que se convierte en limitante o incapacitante). Los afectados muestran una hipersensibilidad a las opiniones ajenas, son autoexigentes en extremo y suelen adolecer de una baja autoestima. Como ves, comparte código genético con la glosofobia.

Ahora ya sabemos qué es lo que nos pasa y por qué, es el momento de buscar soluciones.

Helperconsejo: Tienes que domesticar los nervios, recuerda que el miedo es siempre más grande que el monstruo.

Síndrome del impostor

¿Has tenido alguna vez la sensación de que te has colado en una fiesta y que no deberías estar allí? ¿Te sientes un fraude pese a estar donde quieres y logrando lo que te habías propuesto? El okupa de nuestra cabeza —como dice Javier Iriondo— nos machaca una y otra vez. ¡Suelta las piedras de tu mochila!

Las personas que padecen el síndrome del impostor no se sienten a la altura de las circunstancias y no disfrutan de sus logros, porque no se creen merecedores de ellos. Están siempre criticándose, siempre juzgándose. La buena noticia es que, si lo padeces, seguramente es porque no eres un impostor. Los que lo son de verdad no tienen estos síntomas, son un fraude y punto (que haberlos, haylos).

Es un constructo mental del que te puedes (y debes) escapar. Como tantos traumas, se basa en una percepción distorsionada de la realidad, así que, para detener esos pensamientos lacerantes e ilógicos, dale a tu cerebro hechos consistentes e irrefutables: estás allí porque «tú lo vales».

El sentimiento de fraude suele derivar —una vez más— de la falta de confianza. «Yo no sirvo para esto, no soy un experto…». Esa inseguridad es una de las mayores barreras que debes saltar para profesionalizarte. La formación y la preparación te harán sentir confianza. Eso sí, coherencia y honestidad: si eres más analógico que un ábaco, no pretendas dar una charla de digitalización.

Lo ideal sería que cada persona se comparase únicamente consigo misma, aunque hoy en día sea tan complicado con las redes sociales, sobreexponiendo la vida supuestamente idílica de los demás. La historia de siempre, la hierba siempre parece más verde al otro lado de la valla.

¿Quieres saber la opinión de una profesional? Aquí te dejamos algunos consejos de la psicóloga Ana Asensio (*Vidas en positivo*):

1. Cuando el autosabotaje se quiera hacer fuerte en tu cerebro, ¡sácalo! Son solo pensamientos. Habla, descarga tus miedos en alguien en quien confíes, es increíblemente liberador.

2. Reescribe tu guion mental. Entrena tu mente para disfrutar de las oportunidades, en lugar de pensar «van a descubrir que no tengo ni idea de lo que estoy haciendo», piensa «todos se ponen nerviosos el primer día», «solo necesito ensayar y ya está», «me eligieron porque vieron mis aptitudes».

3. Descubre el verdadero significado del fracaso. No es un fracaso si vives sin miedo al error y dispuesto a aprender y dar lo mejor de ti disfrutando del proceso. Desecha la idea del éxito o fracaso ahora mismo y no vayas al «resultado»: vive el momento, ensaya, y crecerás.

4. Concéntrate en lo positivo. Visualízate logrando tus metas.

5. Da la vuelta a la tortilla. Desafía a tu cerebro. La confianza aumenta cuando nos enfrentamos a riesgos. Cambia tu comportamiento en primer lugar y tu mente te seguirá.

Helperconsejo: Una vez más, pasar a la acción y superarte depende ti. Eres el resultado de tus decisiones y de tus indecisiones: tienes aquello con lo que te conformas.

Controlar los nervios: que no «panda el cúnico»

> «Los nervios son la única cosa de la
> que no te puedes librar perdiéndolos»,
> dicho popular.

Boca seca, taquicardias, bloqueo… Si quieres aplacar los nervios traicioneros y que tu ansiedad disminuya, tienes que hacer los deberes. Puedes ahogarte en tila, sí, pero eso no evitará estar en modo flan tratando de aparentar una serenidad que no sientes. Vamos a ayudarte a identificar los síntomas y a no «catastrofizarlos».

Tenemos que recordarte —sí, una y mil veces más— que cuanto más preparado estés, menos margen de error tendrás e, incluso, sentirás ganas de salir a darlo todo. Decía Dale Carnegie (el gurú de la oratoria) que «todo discurso bien preparado está ya pronunciado en sus nueve décimas partes» Pedirte que te prepares es como soltarte ese manido «sal de tu zona de confort». Vamos a tratar de ser prácticos y darte herramientas útiles. No somos expertos, por eso le daremos un enfoque mucho más ligero, fruto de nuestra experiencia y de la de nuestros conferenciantes profesionales, que han lidiado con la situación antes que tú.

Hay técnicas básicas —y muy eficaces— que permiten canalizar la ansiedad y aliviarla, como la respiración diafragmática. Cuando uno está nervioso, tiende a hiperventilar debido a respiraciones cortas y superficiales que no oxigenan adecuadamente la sangre. Es la respiración torácica (hasta los pulmones) y sí, como imaginas, aumenta exponencialmente el nivel de estrés.

La respiración diafragmática, también llamada *respiración profunda*, no solo te ayudará a reducir el nivel de ansiedad. Al llevar más cantidad de aire a la zona baja de los pulmones, está garantizando una mayor oxigenación y limpieza pulmonar. Además, multiplicará tu capacidad pulmonar aumentando así la reserva de aire mientras hablas, lo que te facilitará proyectar la voz.

Aquí tienes un ejercicio práctico para recuperar el ritmo respiratorio en plena crisis de ansiedad:

1. Inhala a través de la nariz de una manera lenta y profunda, exhala despacio por la boca. Coloca la mano en tu abdomen y concéntrate en notar cómo sube y baja rítmicamente. Repite varias veces. Ten en cuenta que si es tu tórax el que se mueve, no estás respirando correctamente.

2. Vete contando las respiraciones y visualiza cada número en tu mente asociándolo con un color o imagen.

3. Siente cómo la tensión va disipándose, mantén los músculos relajados. Focalízate solo en tu respiración.

Es importante que establezcas un ritual inmediatamente antes de tu intervención, el 100 % de nuestros *helpers* lo hacen. Puede ser, simplemente, tener unos minutos para ti, calentar la voz y hacer ejercicios de dicción, ponerte una canción motivadora (Victor Küppers tiene una lista en Spotify, se llama «Canciones para ir Xutado»), visualizarte hablando con seguridad o imaginar los aplausos tras un discurso exitoso. Así se entrena al cerebro para esa situación y que le resulte familiar, fomentando la sensación de control.

También ayuda revivir mentalmente éxitos anteriores, esos «anclajes» de los que habla la programación neurolingüística (PNL) son un estímulo potente, y dan acceso instantáneo a estados de gran fuerza. No obstante, el mejor consejo es que salgas del bucle «qué nervioso estoy» y destierres la idea de que lo vas a hacer mal. Recuerda que seguramente pareces menos nervioso de lo que realmente estás.

A los síntomas ya mencionados, añadimos otro: el pis del miedo. ¿Has escuchado el término? Seguramente no porque nos lo hemos inventado..., pero las ganas de ir al servicio son un clásico indicador de tu estado de ansiedad. Los nervios suelen disparar la necesidad de ir al baño por efecto de la adrenalina, al tensar varios músculos, entre ellos la vejiga.

Aun así, es importante que bebas agua, si nuestro cerebro «detecta» que estamos bebiendo, automáticamente desactiva la alerta de peligro. ¿No estaríamos pensando en salir corriendo si existiera una amenaza real? Pon el foco en otra actividad, aparta de un manotazo los pensamientos de angustia y el nerviosismo que nos provoca nuestra inminente salida al escenario.

Eso sí, si tienes la vejiga hiperactiva, sorbitos pequeños. Durante tu presentación también es importante que bebas (siempre que no lo hagas como si tuvieras un agujero en alguna parte), tu audiencia lo verá natural y te concedes un maravilloso tiempo extra para pensar. Ten un vaso o una botella de agua de fácil apertura (sin gas, no querrás parecer un zepelín). Puedes pedir que te aplaudan mientras, como hace nuestro feliciólogo de cabecera, Ángel Rielo, que tiene mucho arte y muy poquita vergüenza.

Por supuesto, evita el alcohol, tanto previamente como la noche anterior porque te deshidratarás (además de otros efectos secundarios más lamentables). Queremos que tu intervención sea memorable, pero no que te conviertas en *trending topic*.

Cuenta la leyenda —y nosotros nos la creemos— que si los minutos previos a impartir una conferencia, adoptas posturas de poder, acabas por sentirte inmortal. Así que, ya sabes: brazos en jarras, los hombros hacia atrás subiendo a la vez el mentón y... ¡hasta el infinito y más allá!

Adoptar estas sencillas posturas incrementa los niveles de testosterona y baja los de cortisol, lo que impacta de manera brutal en nuestra confianza. Es fascinante comprobar cómo el cuerpo guía nuestro estado de ánimo, y nosotros tenemos la capacidad de guiar a nuestro cuerpo. ¡Dile a tu cara lo que quieres que sienta tu alma!

Evita «repasar» los minutos previos, hace que el cerebro se agote y esté más expuesto al bloqueo mental al generarse mayor estrés. Si puedes, practica ejercicio físico, produce endorfinas y neurotrofinas que te ayudarán a despejarte.

La preparación es la clave (¿te lo habíamos dicho ya?), no hacerlo es jugar intrépidamente a la ruleta rusa: prepárate y saca todas las balas de la recámara. Ensaya, ensaya, ensaya. Delante de amigos, de tu pareja o en el coche. Practica hasta que te aburras. Practica hasta que aburras a los demás y te quedes solo. Facilitará que se interiorice y, cuando te enfrentes a la situación real, el discurso estará automatizado, con lo que evitarás un monólogo deshilvanado.

Saberte casi de memoria los cinco primeros minutos es otro truco que aplaca los nervios. Te aseguramos que disfrutarás con la experiencia, te sentirás mucho más cómodo y el público lo percibirá, con lo que impactarás aún más.

Pregunta de Trivial: ¿cómo detectar que «ya te lo sabes»? Digamos que, si has logrado dar tu discurso cinco veces consecutivas sin equivocarte, ya estás casi preparado... En ese momento, solo te quedarán media docena de ensayos más.

Además, ensayar facilita el control del tiempo, algo que muy pocos conferenciantes gestionan correctamente. El tiempo es oro, es más, el tiempo es vida. Muestra tu respeto a la audiencia, a los demás ponentes —si los hubiera— y a los organizadores ajustándote al tiempo asignado.

Grábate. ¿Hablas demasiado rápido? ¿Recitas como cuando estabas en el cole cantando la tabla de multiplicar? ¿Estás usando «muletillas» (esos incómodos monosílabos de relleno —hum, eh, esto...— que no aportan nada)? ¿Suenas dubitativo? ¿Te has perdido? Te sorprenderá la de aspectos que creías tener controlados...

Tienes que ser capaz de adaptarte a cualquier situación, te aconsejamos ensayar en diferentes ambientes, momentos del día, sentado o de pie... Y, por supuesto, no descuides el lenguaje corporal y el tono de voz ni siquiera en los ensayos. Hazlo lo más parecido a estar frente a tu público porque, créenos, allí arriba la vulnerabilidad e, incluso, la soledad, pueden llegar a ser brutales. Prepárate para no quedarte paralizado como un cervatillo cegado por los faros de un coche en el momento de la verdad.

Por cierto, hay pocos atajos para enfrentarse a una audiencia sin nervios, pero imaginarse a tu público desnudo ¡no es uno de ellos! No sabemos quién, en su insano juicio, lo aconsejó. La teoría dice que, al verlos desnudos, tu mente te posiciona en una situación de superioridad y el pánico escénico desaparecerá. ¿*Askiusmi*?

Para lo que tendrás que estar prevenido —y preparado— es para ver entre el público a alguien que no presta atención (generalmente, enganchado al móvil), sin duda, todo un misil en plena línea de flotación. No pierdas la concentración ni los nervios, sabemos que es difícil quitar la vista de esa persona, como cuando ves un accidente y es imposible no mirar. Te recomendamos que no pongas el foco en él. Elige un punto del auditorio al final de la sala y fija tu mirada allí, parecerá que miras a los asistentes. Otra opción es mirar a alguien conocido, hará la situación más amigable. Aunque tendrás que repartir tu mirada por las gradas de vez en cuando, ya que el resto del público sí merece tu atención.

Marian Rojas, una de las conferenciantes que más ha destacado en los últimos meses, nos da algunos consejos para bajar los niveles de cortisol, la «hormona del estrés»:

- Rodéate de personas vitamina, gente que sume y multiplique.
- Piensa en positivo, cambia la forma en la que te hablas.
- Medita, haz *mindfulness.*
- Cuida tu alimentación.
- Mantente en forma. Haz ejercicio el día de la presentación, te proporcionará un chute de endorfinas esenciales para una mentalidad positiva.

Helperconsejo: Acepta que los nervios forman parte del proceso, no debemos alarmarnos, ni huir de este sentimiento. De hecho, genera «eustrés» o estrés positivo (como nos recuerda Alejandra Vallejo-Nágera en su maravillosa ponencia «Controla la ansiedad antes de que ella te controle a ti»), que ayuda a mantenernos alerta y motivados siempre que no derive en «distrés» o estrés negativo.

Saca el *speaker* que llevas dentro

> «No tienes que ser grande para comenzar,
> pero tienes que comenzar para ser grande»,
> Zig Ziglar.

Estamos de acuerdo en que hablar en público no es lo mismo que hacerlo en privado. Para ser sinceros, entre ambas situaciones dista un abismo. La seguridad que brinda un entorno de confianza varía completamente las reglas del juego, la mayoría somos dos personas completamente distintas.

Enfrentarse a una situación que nos da miedo provoca un vértigo indescriptible, ya has visto que tus inseguridades en torno a hablar en público son la norma y no la excepción. Reflexiona un momento: ¿cuál es tu mayor miedo cuando sales a hablar en público? Quedarte en blanco, no estar a la altura, exponerte a hacer el ridículo ante muchas personas —generalmente desconocidos—, no saber responder a posibles preguntas... De la frase «hablar en público», no tenemos problema con la primera palabra, pero sí con las otras dos...

Ya hemos visto que el miedo escénico es generalmente una anticipación del «peor escenario» antes de salir a él. La seguridad es clave, estar convencido de que tu presentación va a ser un éxito. Si no lo crees, terminarás saboteándote. ¿Cómo desactivar el miedo que te genera el mero hecho de pensarlo? Correcto..., la preparación. Piensa en cualquier habilidad que hayas mejorado en tu vida, montar en bici, aprender a esquiar, cocinar... La clave fue practicar, ¿verdad? Pues la conclusión es simple: para hablar mejor en público... tienes que hablar en público.

Prepararte, prepararte y prepararte son las tres cosas que debes hacer una vez que has decidido saltar al ruedo de los conferenciantes profesionales. Apúntate a clases de oratoria, debate, teatro, no te pierdas las reuniones de vecinos o, mejor aún, inscríbete en nuestra Escuela de Speakers. Si tienes tu discurso en mente o ya escrito, púlelo hasta que brille.

Tú decides, puedes evitar tomar una decisión o pasar ya a la acción... Hay un proverbio chino que nos encanta: «El mejor momento para plantar un árbol fue hace veinte años. El segundo mejor momento es ahora». De ti depende seguir aumentando la montañita de mierda o hacer abono con ello.

Como dice Emilio Duró, al final nadie escucha. La gente está a sus cosas, así que no te preocupes en exceso por el momento de enfrentarte al público. No intentarlo es perder el partido antes de empezar a jugar, por ello, ¡minipunto para ti por estar leyendo este libro!

Helperconsejo: Recuerda que eres más de lo que piensas, no vayas siempre con el freno de mano echado y atrévete a intentarlo. Quizá tengas un conferenciante en el armario..., ¡sácalo de allí!

TIPOS DE CONFERENCIANTES: LOS QUE NOS CREEMOS Y LOS QUE NO

Existen muchos tipos de ponentes, y por lo general, cada uno tiene un estilo propio a la hora de comunicar. En Helpers Speakers los agrupamos en dos categorías: los que nos creemos y los que no.

¿Verdad que hay personas que cuando las escuchamos —con apenas abrir la boca— nos generan un instintivo rechazo? Tenemos que admitir que en Helpers somos muy prejuiciosos con nuestros candidatos. Seguramente hemos sido injustos en más de una ocasión, pero la experiencia nos dice que, si no nos convencen a nosotros, no son válidos para entrar en el dosier y estar a disposición de nuestros clientes.

Perdón desde aquí a quien se haya sentido ofendido por haberse quedado fuera de Helpers Speakers, pero hemos desarrollado una respuesta pavloviana muy difícil de modificar a estas alturas. Viviremos con ello. Gracias por participar, *¡next!*

En la mitología griega, que tiene descosidos para cada roto, hay un personaje cuyo efecto se conoce como la «maldición de Casandra», que personifica esta situación.

Apolo, dios de la belleza, la perfección (y, posiblemente, del resentimiento...) estaba encaprichado de Casandra, hija de los reyes de Troya y sacerdotisa. Para conquistarla, le concedió el don de la profecía. Quizás unas flores hubieran surtido mayor efecto, porque ella le hizo la cobra y el dios, al ser rechazado, la maldijo —escupiéndole en la boca— con que nadie creería sus advertencias visionarias. Los efectos colaterales fueron dramáticos para Troya.

Son muchos los descendientes de la malograda Casandra (cuyo nombre significa literalmente «la que enreda a los hombres»), porque tienen los conocimientos, la experiencia y las ganas de ayudar... pero nadie les presta atención. ¿Qué factores entran en juego para sentenciar la confiabilidad de alguien? Obviamente ya no es solo lo que se dice, sino quién y cómo. No todos pueden ejercer ese rol: directivos, políticos, medios de comunicación, los *influencers*, y hasta en las familias, siempre hay alguien con esa pátina de credibilidad que suele ejercer de portavoz.

Aunque los títulos estén sobrevalorados, socialmente prestamos siempre más confianza a quien avale lo que predica con sus diplomas académicos. La credibilidad se sustenta en hechos: una persona coherente, con una trayectoria impecable y que hace lo que dice es mejor recibida que otra que no actúa de esa forma.

Está demostrado (seamos o no conscientes) que confiamos más en aquellas personas afines a nosotros, ya sea por entorno, mentalidad, creencias o incluso, ese «halo» aspiracional que desprenden algunas personas y del que hablaremos más adelante.

Y, precisamente, ahí radica la efectividad de los mensajes que se lanzan en las conferencias corporativas. Esa credibilidad que aporta el *speaker* es el vehículo idóneo para transmitir los mensajes de la empresa. No es lo mismo que tu jefe de área te diga que hay que remar todos juntos a que te lo diga una persona mediática y experta en liderazgo y gestión de equipos.

Eso sí, para lograr resultados, es de gran ayuda estar alineados con recursos humanos o alguien de la organización para saber en qué momento está la empresa y cuáles son los puntos principales que trabajar. De ahí la importancia de un buen *briefing*, como veremos.

También se aprovecha este magnetismo para el lanzamiento y promoción de productos, recurriendo a *influencers*, prescriptores, embajadores de marca... Muchas veces, ni siquiera saben qué están recomendado, pero poseen el poder de la convicción para persuadir a los demás.

Helperconsejo: Los buenos oradores no manipulan, saben expresarse, convencer y motivar sin pedirte que te tires por un puente. Este es un gran punto para reflexionar sobre a quiénes prestamos atención. Sin demérito del resto, bueno un poco sí, nuestros Helpers son de este tipo de personas.

¿Y tú, qué tipo de conferenciante quieres ser?
. . . .

«La vida no trata de encontrarte a ti mismo,
la vida trata de crearte a ti mismo»,
George Bernard Shaw.

Dentro del mercado profesional de los conferenciantes —ese firmamento de estrellas y estrellados— nos podemos encontrar de todo. Analicemos cuál es tu punto de partida y el de destino.

Pregúntate de verdad, sin escapatoria: ¿por qué quieres dar conferencias profesionalmente? ¿Por ego, para monetizar tus conocimientos? (oh, oh…, respuestas equivocadas). Sea cual sea tu objetivo (difundir tu conocimiento, ayudar, inspirar, motivar), mantén siempre claro tu código ético y jamás dejes por el camino tus valores.

Obviamente existe un trasfondo económico (no te apures, es lícito que quieras comer todos los días), pero la vocación de servicio ha de estar muy presente.

Si eres un experto, con un nicho concreto, vas a tener más posibilidades de rentabilizar tus conocimientos. Si la vida te ha enseñado los dientes y has conseguido sacarle una sonrisa, eso siempre vende (¡nos encantan las historias de superación!). Si has sido deportista, incluso olímpico, siento decirte que el mercado está más que saturado y, a no ser que tengas una propuesta claramente diferencial o seas mediático, va a ser complicado posicionarte.

Y luego están nuestro queridos *coaches*. Se nos ponen los pelos de punta cada vez que alguien que acaba de hacer un cursito de bolsillo nos escribe —casi exigiendo— que tiene que estar en nuestra web. Os diríamos que, de media, son unos treinta al mes. Aseguran que nos van a enseñar a estar «aquí y ahora», a que «nos ocupemos y que no nos preocupemos» y a que «salgamos de nuestra zona de confort». Si es lo que hay, es que hay muy poco.

Nos aburren con ese repertorio tan manoseado y vacío, nada equiparable a los expertos (con años de experiencia, miles de sesiones de *coaching*, cientos de conferencias y decenas de libros publicados) que tenemos en nuestro dosier. Pero algunos no pillan el wifi…

¡Ahora todo es tan sin gracia…! ¿Por qué no le pones un poco de ganas y aportas algo de tu cosecha? Para encontrarte a ti mismo, piensa por ti mismo. Diferénciate, especialízate, demuestra tu profesionalidad, busca qué puedes aportar y cómo desmarcarte del resto. ¿Qué te hace único? Poténcialo hasta que nadie pueda ignorar tu trabajo.

La sugerencia es que te enfoques en ser alguien con autoridad y prestigio, que se asiente y perdure, sin buscar el aplauso facilón y tratando de sumar, con honestidad. No mendigues la fama en cualquier esquina.

Debes buscar «el dolor», es decir, problemas y necesidades no cubiertas al cien por cien para brindar una solución, pero no te limites a poner el cubo debajo de la gotera. Aportarás un valor real a la sociedad y lograrás tener autoridad. Tenlo meridianamente claro, si no ofreces algo útil y ameno, les vas a importar un pepino por mucho que estés «viviendo tu propósito» y hayas encontrado tu «para qué»...

Cualquier experto comenzó sin serlo, esto repetido como un mantra machacón. Si quieres mejorar, debes aprender de los mejores: ellos ya han recorrido el camino de fracasos y éxitos. ¿Quién es para ti un referente? Obsérvalo, analiza sus gestos, sus frases, su manera de salir al escenario y su presencia, aprende de esos «mentores», imita si es necesario (en un primer momento) hasta lograr diferenciarte con un estilo genuino, no hay nada peor que ser una versión *low cost* de otro.

Lo que funciona es la autenticidad, tener tu propio sello. Trabaja en tu «marca personal» (le dedicaremos un capítulo entero), esa estrategia cortada a medida que te diferencia y genera un impacto en los demás. Trabaja en tu propuesta de valor: ¿cuál es tu público objetivo?, ¿cómo será tu estilo?, ¿cuál es tu plan estratégico?

No todos los *speakers* tienen un estilo propio claramente definido (de hecho, son una especie en peligro de extinción), pero debes intentar que tú sí tengas tu propia personalidad: casual, humorística, sesuda, formal... Eso sí, no finjas ser alguien que no eres para ganar el aplauso de la audiencia. Muestra autenticidad y no tengas miedo a desnudarte emocionalmente. Aquí va el *claim* del capítulo: «si no hay emoción, no hay conexión».

Algunas personas hablan con soltura, pero no son capaces de conectar con el público. Especialmente, cuando activan el modo venta y acaban siendo burdos. ¡Despierta la simpatía de tu auditorio! Evita padecer el «síndrome del monologuista» (repetir una y otra vez el mismo discurso); aunque le des un toque diferente a cada intervención, llegará un momento en que resulte rutinario. No pierdas la ilusión y la entrega del primer día, el importante no es el que habla, sino el que escucha y, para ellos, es la primera vez.

Tu presencia escénica —la disposición corporal y anímica— es determinante para impactar en la audiencia. Si proyectas falta de confianza, el público responderá en consecuencia, pero si te ven con energía y seguridad, le darán más crédito a tu mensaje. Destierra los pensamientos limitantes y la autoexigencia extrema: «no puedo defraudar», «tengo que demostrar que estoy capacitado»..., porque resultarás encorsetado y artificial.

Aporta valor no solo sobre el escenario, debes cuidar con mimo tu comunidad de seguidores. Las redes sociales son una fantástica manera de estar en contacto con ellos y hacerla crecer. Sube posts que sumen, responde personalmente a todos los mensajes, mantente cercano.

El mundo necesita gente apasionada que ame lo que hace. Ten en cuenta que vas a invertir mucho pero que mucho tiempo en ello. Debes estar dispuesto a trabajar veinticuatro horas al día los siete días de la semana para conseguir tus objetivos. Lee libros, apúntate a conferencias y cursos, estudia vídeos de YouTube… (en nuestro canal de Helpers Speakers tienes infinidad de ellos).

Si no pasas a la acción no ocurrirá absolutamente nada. Ya sabes el dicho: «La imaginación sin acción se queda en ilusión». Eso sí, tienes que ser realista y estar preparado para que las cosas no salgan como esperas o en el momento que tú quieres que sucedan. Trabaja duro, ten perseverancia y, lo más importante, confía en ti mismo. El único fracaso es no intentarlo.

Helperconsejo: Hay mucha diferencia entre los *speakers* que salen a dar y los que salen a darse. Suma, es más, multiplica. Habla desde el corazón para buscar el latido de tu público. Debes «almar» lo que haces, ponerle mucha energía, pasión, amor y alma.

Primera división: conferenciantes profesionales

«Lo que consigues con el logro de tus metas no es tan importante como en lo que te conviertes con el logro de tus metas», Henry David Thoreau.

Ahora visitaremos el olimpo de los dioses, ese espacio reservado solo para unos pocos. Emilio, Victor, Mario, Bisila…, que hayan ascendido a la categoría de iconos no responde a una cuestión de suerte, es el resultado de muchos años de trabajo duro, preparación, visión y pasión. Os aseguramos que son personas a las que hemos admirado desde siempre y, al conocerlas, lejos de decepcionar, se engrandecen.

Pocos son los privilegiados en el mundo de las conferencias que viven de ello económica y anímicamente. Algunos fueron los pioneros en España, tuvieron la intuición —hace años— de que aquello que funcionaba en Estados Unidos podía ser una profesión, y no se equivocaron. Tienen en común una personalidad arrolladora que llena todo el espacio, inteligencia comunicativa (tocan corazón y mente), son intelectuales de oficio y han superado con creces la prueba del tiempo.

De acuerdo con la mitología popular, el primero en llegar a la luna fue Emilio Duró, y desde allí se encargó de abrir paso a los demás. Él era ya un reconocido empresario y también daba clases en alguna universidad. El *big bang* de todo lo que vendría después fue una conferencia para un congreso del comercio gallego en el que le grabaron sin permiso, internet hizo el resto y el fenómeno Duró ya fue imparable.

Intentó eliminar la conferencia, ya que solo tenía sentido dentro de ese contexto y estaba plagada de licencias que solo a él se le permiten (y que se han convertido en la especialidad de la casa) pero no fue posible.

Desde entonces ha llovido mucho y a cántaros, pero ahí sigue, en el top de conferenciantes año tras año. Su propuesta es la actitud positiva. Con treinta y dos años la vida le dio un aviso, era un alto ejecutivo de la empresa Yoplait y, ante la bajada de ventas de la división de desnatados, acabó en el hospital con un amago de infarto. Entre el soniquete del «ninonino» de la ambulancia, tuvo una revelación: «Si palmo por esto, Dios me hará repetir la vida por anormal». Concluyó que había que ser muy gilipollas para morir por algo así y aprendió la lección.

Gran parte de su propuesta se basa en el coeficiente de optimismo, se percató de que el rendimiento de una persona no dependía solo de su capacitación o formación, sino que el estado de ánimo era determinante en el desempeño. Y se convirtió en un referente de la psicología positiva con frases como «no se trata de poner solo años a la vida y sí vida a los años», «hay que ser optimista realista, no caer en el falso optimismo», «la vida es aprender a perder lo que has ganado».

Nunca se queda corto, a veces parece una caricatura de sí mismo —como si se le hubiera tragado el personaje— y ya solo sabe hablar en titulares, pero Emilio es tan Emilio que se le perdona todo por su genialidad: él es el *show*.

El fenómeno Küppers, nació como un *spin off* de Duró… Victor trabajó un tiempo en la consultora de Emilio, pero el alumno superó al maestro. Objetivamente, no son los mejores, ninguno de los dos vocaliza perfectamente, son un torbellino, pero saben conectar con el público magistralmente… Son únicos e irrepetibles, como el *jazz*, si te gustan, te gustan muchísimo. ¡Y a nosotros nos encantan!

Victor llegó a esto de la motivación cabalgando; a los veintiocho años un accidente montando a caballo le postró en la cama durante meses, ahí se empezó a aficionar a la lectura de la psicología positiva. Hizo un resumen para sus hijos, aquello se transformó en un libro y de ahí pasó a las conferencias, era el salto natural. Se define a sí mismo como «ni experto, ni muy inteligente, ni creador de ideas. Y no porque no quiera, porque no puedo. Yo reúno los conceptos y los transmito». Su humildad le hace grande.

Victor Küppers quizá sea el primer nombre que se te venga a la cabeza cuando piensas en «conferenciantes», sin duda, el más mediático y referente indiscutible del mundo motivacional. *Buen rollo* es la primera y la última cosa que todos destacan de él. Su estilo —y su particular manera de comunicar— son un reflejo de lo que transmite en sus ponencias: la importancia de la actitud.

Su propuesta ya está muy postproducida tras años de prueba-error, pero, cuando le escuchas, solo puedes darle las gracias por cada palabra. Años después de sus inicios, sigue mostrando el mismo entusiasmo y se implica al cien por cien en cada ponencia. Durante el *briefing* pregunta, se interesa. Y, algo que le honra, no cobra si el cliente no está contento. Por supuesto, jamás ha sucedido ni ocurrirá.

La historia de Mario Alonso Puig es diferente. Él era un reputado cirujano —con una carrera sólida y solvente— cuando tomó la decisión de volcarse en el mundo del desarrollo personal. Fueron sus pacientes quienes le guiaron en esta aventura, él era uno de esos médicos que se implicaba en cada caso, mejor dicho, en cada persona y no solo en el órgano dañado. Percibió que la actitud con la que se enfrentaban a sus enfermedades los pacientes era crucial a la hora de recuperarse. No fue fácil dejar su profesión —como cirujano especialista en el estómago—, pero nosotros aplaudimos su valentía. Tomó la decisión y empezó una nueva vida, en la que cambió la presión y el estrés por el crecimiento y la motivación.

Su presencia en el escenario es apabullante, su dominio de la palabra, de los tiempos, su infinita sabiduría… es hipnótico. Cuando él habla, los demás escuchamos y aplaudimos en silencio. Pero detrás de la excelencia subyace mucho trabajo: cursos de oratoria, teatro… Es perfeccionista y autoexigente. Algunas personas que, obviamente no lo conocen, le han calificado de distante (en plan «yo soy Mario Alonso y tú no»). Os podemos asegurar que es una persona brillante, un conversador infinito y sí, es distante porque está a años luz de cualquiera de nosotros. Deja que sus libros te encuentren, están llenos de frases bordadas a mano que te harán entender la vida.

Y seguimos para bingo. El caso de Bisila Bokoko, «la reina de África que nació en Valencia», es excepcional. Aunque empieza a ser reconocida aquí, su país, lleva veinticinco años viviendo en Nueva York. Es nuestra conferenciante más internacional. Hija de emigrantes de Guinea Ecuatorial que logró llegar a ser directora ejecutiva de la Cámara de Comercio de España-Estados Unidos, Bisila tiene un magnetismo irresistible y una historia de vida que es pura inspiración. Diversidad, emprendimiento, liderazgo, desarrollo personal, internacionalización, empoderamiento femenino… Sin duda, es de las conferenciantes más capacitadas y polifacéticas.

Helperconsejo: Cuando los ves en el escenario parece fácil porque ellos lo hacen fácil, y lo hacen fácil porque han ensayado hasta la saciedad. Te llevan más de quince años luz de ventaja, no te frustres si no consigues seguir su estela.

De profesión: *speaker*

«El ser es más importante que el pensar», Jürgen Klarić.

El *boom* de los conferenciantes profesionales —*keynote speaker*— comenzó en Estados Unidos (allí son un híbrido fascinante entre estrellas del rock y telepredicadores) y, tras varios años de decalaje, el fenómeno de los conferenciantes llegó a nuestro país. En Latinoamérica (México, Colombia, Perú, Argentina), el furor por los «conferencistas» también ha tenido gran calado. Es cierto que alguno debería rebajar la teatralidad unos grados (hay mucho imitador cutre de Tony Robbins), pero cada uno tiene su estrategia y su público.

Un *speaker* es un profesional del discurso, su labor consiste en transmitir ideas, conocimiento, motivación…, o todo a la vez. Saben cómo defender sus ideas y seducir al público.

Lamentablemente, no todos los ponentes que ostentan esta etiqueta son profesionales ni lo parecen. A menudo vemos charlatanes de feria mezclados con los cabezas de cartel, haciendo un flaco favor al sector. A los organizadores de este tipo de eventos multiponentes, cada vez les cuesta más trabajo contratar a los reclamos, que huyen despavoridos (especialmente si en el cartel se incluye la palabra *coach*) y se admite a personas sin ninguna experiencia ni contenido. Los primeras espadas sienten que se están abaratando, aunque cobren el caché habitual.

El conferenciante tiene una gran responsabilidad, muchas personas han puesto un punto de inflexión en sus vidas gracias a sus reflexiones. Recuerda que lo importante es tu audiencia, no tú: humildad y fuera egos.

Lo triste —y preocupante— es que hay muchas personas que no saben qué hacer con su vida, pero sí con la tuya. Cuídate de los gurús que te prometen la felicidad en cinco pasos, especialmente aquellos que están iniciándose en esto del *coaching* y el desarrollo personal. Deberían lucir una «L» de principiantes avisando que están en prácticas, y pueden abollarte la carrocería por un giro indebido o conducción temeraria.

Recuerda que todos tenemos nuestros días y que, algunas veces, lo que antes ha funcionado no tiene el mismo efecto porque el público también tiene estados de ánimo. Si al terminar la conferencia se escuchan unos tímidos aplausos de cortesía (que suenan a «menos mal, nos podemos largar») no te martirices. Te va a pasar, seguro…, y lo más probable es que te preguntes: «¿Qué he hecho mal?». Nada, simplemente ahí no era. Pero tú vas a estar revisando en tu cabeza —fotograma a fotograma— toda tu participación una y otra vez. Has utilizado el mismo material y has repetido las mismas bromas, lanzado los mensajes impactantes de siempre…, todo ello sin ningún efecto positivo. Probablemente has tenido que oír en algún momento de tu vida aquello del «no eres tú, soy yo». Pues eso.

Muchas malas experiencias sobre el campo de batalla acaban en una acusación al público no motivado, poco preparado o simplemente cansado previamente por otros oradores. Reflexiona, ¿realmente has hecho algo mal? Transita la frustración y déjala ir.

Por cierto…, hay una regla no escrita (*si non è vero è ben trovato*) en este tipo de conferencias multipanelistas que dicta que el más soporífero de todos siempre será la primera persona en usar el micrófono. De igual manera que el último suele ser la traca final (aunque no lo va a tener fácil si el público ya está cansado). Si eres el último en un largo evento, procura ser breve o muchísimo más entretenido o interesante que los ponentes anteriores. De lo contrario, correrás el riesgo de enfrentarte a un público más pendiente del reloj y del móvil que de ti.

Contar con un ponente en un evento es más importante de lo que puedes imaginar. No es fácil conectar con una audiencia cuando un tema es complejo de abordar, hemos visto convenciones de ventas donde el ponente ha transmitido noticias como la supresión de algún complemento salarial y la gente ha salido de allí con la moral a prueba de bombas y comprometidos con el proyecto al cien por cien.

Por cierto, si tu auditorio está bajo de energía por una de esas noticias demoledoras, trata de no subir demasiado el tono porque los alterarías aún más. Intenta ser lo más asertivo posible, llévatelos a tu terreno, que empaticen. Seguirán jodidos pero motivados.

Muchas compañías aún no han comprendido la necesidad de contratar a alguien profesional. De ahí que no nos cansemos de ver (bueno, la verdad es que sí que nos cansamos, y mucho) portavoces «de la casa» desatalentados en esto de transmitir… Señores, en un congreso o evento es esencial que los asistentes no se aburran. Por cierto, la gente dormida no escucha, aunque lo haga con los ojos abiertos.

¿Sabías que España y Alemania encabezan el *ranking* de los países europeos que más eventos organizan anualmente? Solo son superados —a nivel mundial— por Estados Unidos, según estudios del informe estadístico de la ICCA (International Congress and Convention Association) basados en el sector MICE (Meetings, Incentives, Conferences and Exhibitions), un campo en el que se necesita profesionalizar aún, plagado de personajes de relumbrón que saben cómo pero no qué, y profesionales que saben qué pero no cómo.

Madrid y Barcelona van a la cabeza, seguidas a años luz del resto y, por supuesto, muy alejadas del mercado americano. Málaga despunta y va cogiendo carrerilla.

La gente consume mucha información y, gracias al popular formato de las charlas TED alrededor del mundo y los nuevos productos que van surgiendo, se confirma la tendencia: nos gusta escuchar casos, historias, experiencias de primera mano por parte de oradores cualificados.

Helperconsejo: ¿Cuándo fue la primera vez que te pagaron por hacer algo que te apasionaba? Ofrecer tu marca, producto y servicios y convertirlo en una fuente de ingresos es gratificante. Sácale brillo a eso que te diferencia, tu «ventaja competitiva», y ¡haz de tu pasión tu forma de vida!

Cualidades indispensables de un buen conferenciante

«La única forma de hacer un gran trabajo es amar lo que haces»,
Steve Jobs.

Básico: saber hablar. Y saber pensar. Lo primero se aprende, lo segundo, tendría que venir de serie.

Tener algo que decir es condición necesaria pero no suficiente, saber cómo y para qué es esencial. Si tú no sabes qué quieres conseguir con tu charla, tu audiencia tampoco lo sabrá. Tener una historia genuina siempre es un plus, como lo es saber expresarse de una manera adecuada. ¿Quieres que te recuerden? Emociónalos. ¡Motívalos desde el principio hasta el final y mantén las expectativas!

Si observamos a los buenos oradores (no implica, necesariamente, que sean los más mediáticos), todos tienen en común un factor determinante: la pasión. Estar disfrutando con lo que hacen no solo se refleja en el brillito en los ojos, también en la energía que transmiten. Y lo hacen con sinceridad: dicen lo que piensan y sienten lo que dicen.

Ser un buen orador es algo parecido a conducir, hay que coordinar de manera automática varios factores al mismo tiempo para no estrellarse. Debes manejar simultáneamente los tres tipos de lenguaje: el verbal (con tus palabras), paraverbal (es la manera de utilizar la voz) y no verbal (tu lenguaje corporal) para que tu mensaje cale. El público es capaz de oler tu miedo, si detecta tu nerviosismo se contagiará a la platea y el efecto será como el de un bumerán.

Está demostrado que la cercanía es un ingrediente indispensable para lograr conectar. Todos preferimos escuchar a un *speaker* que hable con nosotros y no a uno se limite a dirigirse a nosotros. Como dice nuestro «mago de la comunicación», Íñigo Sáenz de Urturi: «Tú no vas a recibir un aplauso, vas a dar a tu público». Y esa diferencia es crucial.

Si inspiras confianza, tendrás medio territorio conquistado, porque este estado impacta en nuestro cerebro liberando la hormona de la conexión humana, la oxitocina. Y un chute oxitocínico es maravilloso a cualquier hora del día.

Recuerda el quid de la oratoria: si no te entienden, no hay comunicación. Utiliza siempre frases cortas, ¡hasta el caprichoso algoritmo de Google las premia! La gente quiere comprender el mensaje que lanzas, su tiempo es valioso y su paciencia, limitada.

Olvídate de los clichés y de las frases rimbombantes. En la sencillez radica la clave, más información no es siempre mejor, tu objetivo es conquistar a la audiencia, no abrumarlos con tu barroquismo verbal: usa un lenguaje coloquial, directo y afirmativo, género neutro y cambia el «vosotros» por el «nosotros» siempre que sea posible.

Más de una vez hemos detectado que el texto y las emociones no conectan. Es muy importante mantener la congruencia entre el lenguaje verbal y no verbal, que el contenido, el tono y las expresiones resulten armónicas y coherentes. Nota mental: si lo que dice tu cuerpo y lo que dicen tus palabras no concuerda, tu público creerá a tu cuerpo.

La postura y presencia en el escenario son elementales. Por descontado, es fundamental que el *speaker* elija la vestimenta adecuada para cada ocasión (ya lo trataremos más adelante). Básicamente, consiste en no distraer al auditorio con algún detalle de nuestro atuendo, la vestimenta sobria y neutra es lo más indicado. En las mujeres, el exceso de *brilli-brilli* o bisutería distrae y, además, suele producir un molesto ruido con los micrófonos.

Una vez en escena, los buenos conferenciantes transmiten pasión y seguridad. ¿Cómo?, mantienen la energía alta todo el tiempo, hablan con las manos abiertas, gesticulan sin miedo (fíjate en cómo hablamos en entornos distendidos, cuando no hay ninguna presión), se mueven con soltura o permanecen bien anclados en el centro del escenario. Recuerda que permanecer de pie te permitirá «leer» a todo el auditorio. Los *speakers* profesionales suelen tener un radar más preciso que los de cabo Cañaveral, y disponen de la intuición suficiente como para cambiar de tercio cuando el ambiente está poco receptivo.

Como imaginas, conectar realmente con la audiencia no es una tarea sencilla. Más adelante vamos a explicar con detenimiento los mejores recursos a tu disposición para conseguirlo, pero aquí va un aperitivo para ir abriendo boca. Algunas técnicas, como el *storytelling,* son altamente eficaces. ¿El secreto?, su gran carga emocional. El contacto visual (de un modo directo, sin intimidar) también aporta conexión instantánea. Muchas veces la clave del éxito radica en el humor, condimentar tu charla con un par de anécdotas divertidas o chistes marida muy bien, te asegurará el aplauso y facilita que el mensaje sea permeable. Mantén una postura y gesto relajados, esboza una sonrisa franca y apunta directamente al corazón de tu público.

Otro elemento que no suele faltar para crear magia es una música que mueva la energía de la sala, inspiradora y apropiada. Una de esas canciones del *pum pa'rriba* será capaz de obrar milagros. Y respecto a «tu musicalidad», es importante que regules el volumen, la velocidad y el tono manteniéndolos en niveles medios, variando sutilmente dependiendo del «dramatismo» que quieras dar en cada momento.

Esto no es Netflix, ¡promueve la participación! Un truco magistral es recordar los nombres de las personas con las que interactúas y volver a usarlo más adelante, haciendo siempre un refuerzo positivo. Ya veremos el uso de *callbacks*. Haz de tu ponencia una experiencia memorable, despierta el interés con preguntas y aprende la escucha activa. Ancla información de manera clara, concisa y práctica. Utiliza frases de impacto (de las que se hacen virales con mucha facilidad y son sencillas de compartir), al público le encantan.

Si quieres salir por la puerta grande, mantén siempre una visión positiva y constructiva. Hay ponentes como Emilio Duró que no son siempre políticamente correctos y provocan al público con mayor o menor fortuna. Generalmente —tras la estupefacción— vas a arrancar una carcajada, pero uno ha de estar muy seguro cuando se arriesga, de lo contrario, es mejor ser prudente y contenerse. ¿Eres Emilio Duró? Pues no lo hagas.

Tampoco leas la conferencia, se percibe como una imperdonable falta de seguridad. Memoriza solo el esquema de tu ponencia, si olvidas una idea nadie lo notará. Obviamente puedes echar un vistazo rápido a tus notas, pero no te excedas. Incluso si puedes evitarlo, mejor. Un ponente que recita de memoria solo conseguirá aburrir. Si quieres que desconecten del todo, habla demasiado rápido o demasiado lento.

¡Y vocaliza, por Dios! No nos hagas esforzarnos el doble por escucharte. Lo más seguro es que acabemos tu ponencia mirando Instagram.

Helperconsejo: La autenticidad es directamente proporcional a la credibilidad que se genera. No actúes, se tú, si adoptas un rol forzado, el público sentirá que eres un impostor. Exprésate siempre con claridad y cercanía, tu auditorio se mostrará mucho más receptivo.

Conferenciantes internacionales

«Nascuntur poetae, fiunt oratores»
(los poetas nacen, los oradores se hacen),
aforismo latino.

Es una verdadera lástima comprobar lo desvirtuado del término «conferenciante internacional», y si va seguido de la coletilla «de reconocido prestigio» entonces ya es para echarse a llorar. Te aseguramos que en el noventa por cien de los casos te enfrentas a un *bluff* en toda regla, que, como mucho, ha colaborado gratis en un webinar con otras veinte personas, algunas conectadas desde Latinoamérica (lo que aporta el carácter internacional al evento)

Los que nos dedicamos a esto tenemos el olfato muy desarrollado para detectar impostores. Parte de nuestro tiempo lo invertimos en ejercer de «cazafantasmas», pero eso no impide que traspasen paredes y se cuelen en escenarios ajenos.

La mayoría de los ponentes «internacionales» de este país no son capaces de dar una conferencia en inglés. Y, salvo cobrando cachés desorbitados, no cruzan el charco ni de vacaciones. Eso les supone invertir mucho tiempo en traslados y no les compensa porque, dicho francamente, tendrían que renunciar a trabajos cómodos «en casa».

Sí, lo sabemos, tú también tienes un nivel intermedio de inglés, pero llegado el momento, nos vas a decir que «no te sientes cómodo» en este idioma y que se va a perder parte de la conferencia por el *lost in translation*.

Si tienes un inglés de los montes a lo Paco Martínez Soria, no te vengas arriba. Quedar mal con el cliente es hacerlo con tu agencia de representación. Nosotros, personalmente, ya no nos la jugamos y mantenemos un *briefing* previo para confirmar que el candidato es válido. Te sorprendería la de ponentes mediáticos que hemos descartado. Sé honesto, que enseguida se viene abajo el suflé. No te engañes, ni nos trates de engañar a nosotros; por mucho que afirmes que «si me preparo la conferencia, sin problema podré darla en inglés», luego vienen las preguntas del público y los «madremías».

Conferenciantes con un impecable y paseado inglés hay muy pocos, por supuesto Bisila Bokoko —bilingüe con su doble nacionalidad hispanoamericana, al igual que Juan Verde—, Mario Alonso Puig, Neil Harbisson, Pedro Mújica…, y nos sobran dedos de las manos.

Helperconsejo: Mira con valentía a los grandes, aprende de ellos y valora tu progreso. Hablar en público requiere tiempo y mucha práctica. Los grandes profesionales tienen años de experiencia que los han convertido en los oradores que son hoy. Tener un modelo que seguir es inspirador, pero utilizarlo solo para compararse de un modo destructivo —y resaltar solo tus debilidades— va a hacer que te frustres. Ten metas realistas (y cortoplacistas) que te vayan acercando al objetivo. Recuerda que puedes tener resultados o excusas, pero nunca ambas al mismo tiempo.

La inteligencia comunicativa y la gran herramienta de la PNL (programación neurolingüística)

> «En caso de duda, cuenta la verdad»,
> Mark Twain.

El lenguaje no es inocente. Las palabras tienen energía y un poder sanador, inspirador y motivante. Pero —cosas de la oratoria— también pueden cortar como cuchillos y herir. Sé responsable y acolcha las palabras para hacerlas más mulliditas y cómodas.

Piensa en las siguientes palabras: *verano, risa, sol, fiesta, viernes*. Ahora en estas otras: *vómito, ruptura, despido, lunes*. Hay un abismo, ¿verdad? Huye en la medida de lo posible de palabras funestas y depresivas, pronuncia las adecuadas en el momento preciso y del modo indicado, y activarás el interruptor.

La inteligencia comunicativa es el arte de saber llegar al corazón del otro. Implica control emocional, sinceridad, empatía... Aunque suena a topicazo, no es lo que dices, sino cómo lo dices. La conexión (la magia de la acción-reacción) va a depender del grado de confianza que seas capaz de generar para producir esos cambios positivos, de un modo orgánico, sin imposiciones ni manipulación. Debes ser un catalizador del cambio y empoderar a los demás para que busquen sus propias herramientas interiores. Deja libertad para que el auditorio procese la información. Cada uno tenemos nuestro tempo: aproximadamente un treinta y cinco por cien de las personas aprende muy rápido, y el otro sesenta y cinco por cien restante necesita más tiempo para hacer la digestión y procesar todo. Respétalo.

¿Sabías que la gran mayoría de los comerciales no consigue superar el cuarenta por ciento de cierres? Si eres uno de ellos, deja de soltar el mismo mensaje de carrerilla una y otra vez sin reparar en las características de tu cliente. Lo habitual será que tengas que enfrentarte a una audiencia heterogénea y debes conseguir que no se les indigeste tu discurso. Cada uno de nosotros asimilamos las cosas de manera diferente. Apóyate en elementos visuales (presentaciones, pizarras, vídeos), auditivos (música, *acting* —es decir, tus propios tonos de voz—) y kinestésicos (los gestos, las emociones). Recuerda, hablamos para todos, todas (y todes).

Cialdini, el reputado psicólogo famoso por sus estudios sobre persuasión (y, sin duda, también por sus cejas de «velcro») demostró que uno de los factores determinantes para lograr ser persuasivos es la simpatía. Sí, nos dejamos convencer con más facilidad por alguien simpático, bajamos las defensas y, cuando nos queremos dar cuenta, nos han echado «droja en el ColaCao», como decía aquel... Ten cuidado con los que te intentan llevar a su terreno llenito de barro.

¿Conoces la teoría de la semejanza? Sostiene que se genera una conexión especial cuando percibimos que estamos en el mismo grupo. Las dimensiones son casi infinitas: edad, posición laboral, etnia, ciudad de residencia, nivel socioeconómico, partidarios de poner cebolla en la tortilla de patata, etc. Hay mil afinidades que pueden hacer saltar la chispa de la simpatía, una audiencia *millennial* se identificará más con un conferenciante joven, una audiencia catalana con un orador local...

Analiza a tu público, potencia ese *engagement*, usa su mismo lenguaje, viste adecuadamente en su mismo registro, comparte anécdotas donde se sientan identificados, nombra a sus posibles ídolos... ¡Empatiza y mimetiza!

Puedes replicar al pie de la letra el consejo de Cialdini para convencer a las masas, poner en práctica punto por punto la comunicación persuasiva de Dale Carnegie, valerte de todos los trucos del mundo..., ¡¡pero si aun así no suscitas credibilidad..., *game over*!!

¿Recuerdas aquella mítica frase de Louis van Gaal?, «siempre positivo, nunca negativo». Utilizar el lenguaje positivo mejora considerablemente nuestras relaciones personales y —dicho sea de paso— también con nosotros mismos. Analiza esta frase: «No descuides a tus seguidores»; si la cambiamos por esta otra: «Atiende a tus seguidores», de entrada, parecen igual, pero cognitivamente hay unos matices que marcan una diferencia abismal en la percepción.

Ten prudencia con el uso de «no»; cuando damos indicaciones u órdenes, es preferible decir lo que queremos que se haga a lo que no, debido a nuestro funcionamiento mental, se crea una paradoja con esa manera de dar la indicación. Si te decimos: «No pienses en una carpa de circo...», ¿tú qué haces? Te he dicho que no pienses en una carpa de circo con rayas rojas y blancas... ¿Te das cuenta? Cuidado con «no, en nuestra empresa no hacemos...», y similares. En la cabeza del interlocutor (posible cliente, tal vez), estás favoreciendo la imagen contraria a lo que pretendes. Piensa en la mente de tu público como si de un taxista se tratara, de nada sirve decirle dónde no quieres ir, debes facilitar una dirección exacta.

De igual manera, debemos desterrar de nuestro vocabulario cualquier expresión generalista: «Vosotros siempre...», «Tú nunca...».

Otro consejo, evita usar las palabras terminadas en «-ción», «-idad» y «-ento». Créenos, no es un capricho. La gran mayoría son conceptos abstractos que a la mente no terminan de gustarle, requieren un esfuerzo extra, y el cerebro humano es vago por definición. Suelen ser préstamos del mundo jurídico, tecnológico o político. «Condicionamiento, funcionalidad, facilitación...», huye de esas palabras y conceptos abstractos, ¿que cuáles son?, aquellos que no eres capaz de dibujar. Inténtalo, plasma en un folio «condicionamiento». Un churro garabateado, lo sabemos.

El mundo de la PNL es absolutamente apasionante. Si quieres profundizar más, te recomendamos que lo hagas con Enrique Jurado (CEO y fundador de D'Arte Human & Business School) y Frank Pucelik (uno de los padres de la PNL).

Helperconsejo: Debemos ser espejos y lograr que la audiencia se refleje (a través de la empatía). También seremos ventanas para abrirles nuevas perspectivas, inspirarles a ir más allá y pasar a la acción. Bueno, esto ha quedado un poco moñas.

Mesas redondas... y cuadradas. Conferenciantes ocasionales

> «Todo el mundo piensa en cambiar el mundo,
> pero nadie piensa en cambiarse a sí mismo»,
> Leon Tolstói.

Muchos directivos han descubierto sobre el escenario lo buenos que son, algunos como oradores, otros como anestesistas...

En todos estos años como testigos de convenciones corporativas, congresos y galas de entrega de premios, nos hemos encontrado de todo: desde líderes testiculares (sí, los de la vieja escuela «por mis cojo*es»), incapaces de resultar empáticos y mucho menos convincentes, hasta «indios» con brillantes intervenciones improvisadas que dan el campanazo e, incluso, discursos acomplejados al inicio que se van transformando hasta hacer surgir una carroza de la calabaza, dejando a todos hechizados.

Generalmente, si juegan en casa (evento monoempresa), los conferenciantes ocasionales no engañan a nadie, se muestran como son, tanto para lo bueno como para lo malo (aunque alguna sorpresa ha habido en ambientes más distendidos —regados con alguna copita— como las fiestas de Navidad). El problema suele aparecer cuando el ponente está representando a su empresa en un congreso o similar, donde todos tienden a ponerse intensos con un micro en la mano.

Es muy común encontrar a panelistas muy capacitados y brillantes en su campo, pero cero comunicadores. Se muestran incómodos, envarados y resultan de un farragoso insoportable con su «discurso cuñao cargante». Nos equivocamos (y mucho) al buscar y rebuscar conceptos que nos dibujen cultos y profesionales ante los demás. La regla número uno de un ponente es no aburrir. Por más conocimiento que tengas, si no sabes cómo transmitirlo apropiadamente, te perderás cientos de oportunidades. No se trata solo de hablar, sino de hablar con sentido y propiedad.

Hay una población flotante de «conferenciantes *amateurs*» a la que te vas encontrando en todos los saraos, siempre los mismos. Algunas veces encima del escenario y otras abajo. Acaparadores de mesas redondas y cuadradas, expertos en temas nicho, tertulianos del mundo de la empresa, amigos de la casa, figurantes con frase, famosetes e *influencers*. La versión oficial es que acuden en representación de sus grandes corporaciones o de su propia marca personal. Mentira, van por ego y para polinizar. En muchos casos, hasta han hecho que su empresa sea *sponsor* del evento, para ellos tener su minuto de gloria. Pero ahí están. Siempre. Inasequibles al desaliento.

Buen momento para aclarar que el *networking* no tiene nada que ver con ir de caza, sino más bien con la agricultura. El *networking* —bien entendido— trata de cultivar relaciones, de sembrar. No te permitas ni siquiera el rol de cazador-recolector.

Estamos en la era del ego, de ahí todos esos directivos que se toman tan en serio a sí mismos con su discurso ensimismado, autocomplaciente, egocéntrico y gilipollicéntrico. Sinceramente, no sabemos si aplaudir su ingenuidad o reírnos de ella, ya que están en todas las quinielas para los premios a la mejor empresa, la más sostenible, *best place to work*... Esos premios donde te están comprando o te estás vendiendo. Venimos del mundo corporativo y sabemos toda la mierda que se esconde bajo la alfombra.

En general, los discursos presidenciales necesitan urgentemente un champú anticaspa. Suelen resultar envarados, ahí está el mandamás (fiel a la máxima del «si te ríes no trabajas»), con gesto serio y solemne como de ministro de antaño, parapetado tras su atril y generalmente leyendo. Mal.

El segundo nivel del organigrama (árbol genealógico en algunas empresas familiares) no mejora. Son de los que se creen su puesto, los peores. Anglicismos, cuantos más mejor, que se note que han estudiado en colegios caros y trabajan en un edificio inteligente... Lo sentimos, no es *cool*, es ridículo. Y dice más de ti y de tus inseguridades de lo que crees. Hay tecnicismos y neologismos aceptados, como *know how*, pero no me digas que tienes una *call*, que vas a una *meeting* o que no llegas al *deadline*. Sobre todo, si no sabes pronunciarlo. Claro que también nos reímos de la gente que habla bien inglés, así somos. Pronunciar las palabras inglesas con acento *british* es de esnobs (sí, con «e»). No digas «guaifai» (wifi) si eres de un pueblo de Murcia, por favor.

También hay brillantes excepciones, por supuesto, pero queremos insistir en que tu puesto no te garantiza que te escuchen ni que vayas a dar un discurso magistral. Y si, además, por tu posición representas a una empresa en foros..., tienes una gran responsabilidad. Prepárate.

Lo más habitual, si perteneces al mundo corporativo, es que tengas que hablar en público más de una vez como portavoz de tu empresa. Si no tienes tiempo para contratar algún curso de oratoria, que ya deberías haber hecho, aquí van algunos consejos de emergencia.

Pongamos que tienes que participar en una mesa redonda la próxima semana. Compartirás panel con colegas del sector. Lo primero que tienes que hacer es investigar en LinkedIn sus perfiles si es que aún no los tienes en el radar. Anticípate a las posibles preguntas y busca respuestas concisas y claras. Ensaya y mucho.

El día en cuestión, estate atento para hacer referencia a otras intervenciones anteriores a la tuya, toma notas si lo necesitas. Lo ideal es que hubiera un moderador que dinamice, reparta el juego y conceda equitativamente la palabra. Lo que jamás falta es el listo, que acaparará el debate encantado de escucharse, interrumpirá a cada frase y tendréis que padecer el resto de tertulianos.

Créenos, te los vas a encontrar siempre y, algunas veces, al mismo. Así podrás comprobar que cada vez habla más y dice menos (lo que, de un modo retorcido, puede llegar a resultar fascinante). Dan ganas de «apagarlos» cada vez que hablan, lo sabemos, pero trata de no perder la compostura, no estás en un debate chabacano de Telecinco, pero tampoco te dejes avasallar. Estructura tu mensaje, y si alguien te corta puedes retomar. Usa frases educadas pero implacables tipo «déjame que termine, por favor…», «acabo con esto…», «me gustaría que x acabara lo que estaba diciendo para continuar…».

Una vez que tengas la palabra, sé respetuoso con los tiempos, aunque los demás no lo sean. Pero tampoco te pases de conciso o pensarán que tienes conversaciones más largas con Siri…

Un deportista comienza calentando para evitar lesiones, haz tú lo mismo. Plantea alguna pregunta de inicio en lugar de lanzar las ideas directamente. Así te irás relajando en esos primeros momentos.

Hemos insistido en la prepotencia de muchos, pero mostrarse apocado, tímido y poco participativo tampoco aporta nada. Si te sientes inseguro, piensa que estas allí dado tu rol, los demás te presuponemos ciertas cualidades y concluimos que merece la pena escuchar lo que tienes que decir. De entrada, tienes nuestra atención. Aprovéchala.

Alerta *spoiler*, seguramente dejarás de ser interesante cuando cambies de puesto. Lo hemos comprobado en muchas ocasiones. Como te marches (o te *marchen*) de una gran corporación, tu faceta farandulera se verá considerablemente reducida. Hazte interesante por ti mismo, independientemente del cargo que ostentes.

Helperconsejo: En este caso, más que consejos son mandamientos. No leerás, no aburrirás, no te pasarás de tiempo, no usarás la frase «salir de la zona de confort». Si no respetas esto, bajarás a segunda división automáticamente.

Tipos de formatos: ¿dónde encajas?

«¿Por qué encajar cuando naciste para sobresalir?»,
Dr. Seuss.

Seguro que has asistido a conferencias en las que los ponentes no han aportado ningún dato novedoso o abordado un enfoque diferenciador, ni han facilitado alguna herramienta útil y, aun así, son catalogados como expertos.

Probablemente pensaste: «Esta charla la puedo impartir yo» y, seguramente, tuvieras razón. Se dejan ver, pero son fácilmente olvidables, ya que más allá de topicazos, frases de Tony Robbins y alguna risa, muchas ponencias solo sirven para entretener al público una hora, sin nada productivo que aportar.

Es una lástima cómo se está desvirtuando el sector, cada vez menos profesional, convirtiendo el mercado de las conferencias en un mercadillo. Con qué alegría nos colgamos la etiqueta de *experto*...

Si tienes más ego que currículo, no te preocupes, puedes ser experto de un día para otro. Solo tienes que ir a una de esas agencias de conferenciantes deshonestas y —previo paso por caja— te incluyen en su supuesto top cien (haciendo cálculos, ya deben de ser unos siete mil). Así pasarás automáticamente a la categoría de conferenciantes prémium (ahora que todo es prémium, hasta la cerveza aguada). En Helpers Speakers no cobramos por incluir a nuestros ponentes en la web ni engañamos a nadie, tenemos el aprobado muy caro, y eso se ha convertido en una garantía de calidad. Es nuestra cruzada personal, quizá tenemos demasiada información y nos falta ingenuidad.

Talleres, retiros de fin de semana, seminarios, congresos, cursos..., pero sin duda las conferencias son la joya de la corona. La oferta es amplia (de hecho, hay más oradores que clientes) y tú tienes que decidir qué etiqueta te pones. Ya te hemos dicho que lo peor es tratar de aparentar ser alguien que no eres. Sinceridad y coherencia, ante todo.

Dependiendo de las necesidades del cliente, optarán por la motivación, historias ejemplarizantes, humor, tecnología, técnicas de venta... Aquí están las categorías más demandadas en cuanto a temática de las conferencias.

Historias inspiradoras y de superación

Provocar el «de qué me quejo» (en los llorones de la máquina de café con sus pequeñas turbulencias del día a día) es el objetivo principal de estas ponencias. Indicadas para los maridramas del mundo que buscan un problema para cada solución. Hacen reflexionar, provocan el cambio, inspiran... Es un golpe bajo clásico pero realmente eficaz.

Venden más los dramas que las historias felices. ¿No lo crees? Simplemente, mira las noticias. No valoramos lo fácil, nos gustan las personas que traspasan los límites de lo imposible. Eso sí, todas las historias de superación tienen un final feliz y ejemplarizante. Su efecto no puede reducirse a un simple «no te dejará indiferente».

Lo malo es que la receta del éxito no se ha mantenido en secreto, y hay muchos conferenciantes que se hacen el *tristeresante* —lloran más que sienten con su pornodrama— y no resultan convincentes. Muchos engordan el caldo a base de experiencias traumáticas que rozaron la muerte, adornando su bío con gestas pintorescas. Conocemos a uno que presume de haber estado a punto de morir tres veces, dándole al relato unos matices de superación que nunca ha tenido. No tenemos pruebas pero tampoco dudas de que su historia no es real. Por descontado, estos perfiles en Helpers ni están ni se los espera. No se trata de mentir, de falsear la historia. Menos aún en el mundo de hoy, en que Google y las redes sociales delatan y desnudan a cualquiera... Por favor, jura solemnemente decir la verdad, toda la verdad y nada más que la verdad.

Todas estas ponencias sirven de paliativo y provocan un ciclón de emociones que te dejan un nudo en el estómago por deshacer. ¿La lección? Volver a levantarse siempre: si te caes mil veces, te levantas mil una. La aceptación es el primer paso para avanzar. Se llora y se sigue. Resulta sorprendentemente esperanzadora la capacidad de resiliencia del ser humano.

Cristian Sainz de Marles, con una ceguera del cien por cien y una actitud del doscientos, (por cierto, es ciego, pero sueña en color y en grande), o Alex Roca… Hablar de ellos supone hablar de resiliencia. Todos tienen historias que atraen como un imán y han convertido sus problemas en retos. ¡Hacen falta muchos más tipos como ellos!

Si tuviéramos que destacar un perfil en esta categoría sería el de Paul Montiel, más conocido como *el Hombre de titanio*. Tiene nombre y cuerpo de superhéroe, una voluntad de titanio y una vida tan apasionante que parece un personaje de ficción. No volverás a ver la vida igual después de escuchar su historia.

De tenerlo todo, en su Venezuela natal, a ser testigo impotente de que la vida te puede cambiar en segundos. Un coche lo arroyó mientras estaba en una terraza cenando; resultado: una pierna amputada y la otra colgando, que salvaron con ochenta clavos de titanio. El que había sido un rey se convirtió en mendigo, pero volvió a resucitar y a morir otras tantas veces. Drogas, alcohol, indigencia… Aprendió a la fuerza que lo malo es fantástico comparado con lo muy malo.

Hoy, con cincuenta y dos años, se prepara para representar a España en los Juegos Paralímpicos de París 2024 (modalidad de remo), protagoniza varios documentales, está nominado a un premio Emmy, está terminando su segundo libro… ¿Quién dijo imposible? Él no tiene una vida, tiene una novela. ¿La conclusión? Para avanzar no hacen falta piernas, sino actitud. Eres pura inspiración, amigo.

Deportistas: mentalidad ganadora

El deporte es una metáfora de la vida, repleta de enseñanzas y paralelismos extrapolables al mundo corporativo. Valores como el trabajo en equipo, esfuerzo, perseverancia y superación suelen estar presentes en este tipo de conferencias.

David Meca, Pedro García Aguado, Coral Bistuer, Pirri *Esgrima*, Sergio *Maravilla* Martínez llevan tanto tiempo sorprendiéndonos, que ya no nos sorprenden: cualquier adjetivo exagerado se queda muy corto para describir su grandeza. Todos tienen algo en común además de ser grandísimos deportistas: fuera del foco mediático son también extraordinarios. Saben bien que no se sale adelante celebrando los éxitos, sino superando fracasos. Por ello, venden esfuerzo y mérito por encima de fama y éxito. Os aplaudimos hasta con los pies. ¡Medalla de oro asegurada con estas conferencias!

Aprender a emprender

El fenómeno emprendedor —tan en boga— ha existido siempre, salvo que antes se llamaba «buscarse la vida». Durante los últimos años han proliferado los macroeventos enfocados a emprendedores. Nada mejor que recibir los consejos inspiradores de alguien que habla desde la experiencia para invitar al emprendimiento, demostrar que los cambios pueden ser beneficiosos y hacernos reflexionar para impulsarnos a pasar a la acción.

El tema de la *startup* garajera que se transformó en un «unicornio» ya está muy gastado, pero una biografía resultona siempre vende. Ni todas las tecnológicas empezaron en un garaje ni todos los emprendedores abandonaron la carrera porque sentían que perdían el tiempo, pero sí es verdad que todos tienen en común un gran espíritu de lucha y un tremendo olfato de perro trufero para ver las oportunidades del mercado.

Lejos de mitificar la figura del emprendedor (no nos engañemos, un emprendedor es un masoca), todos sacan a escena al fracaso, poniendo de manifiesto que una derrota enseña lo que el éxito oculta. Nosotros mismos tuvimos que luchar «contra viento y pandemia» para sobrevivir a la crisis. Ahora estamos inmunizados frente a muchos contratiempos. Si tuviéramos que contar nuestra historia lo haríamos, sin duda, a través de nuestros fracasos más que de los éxitos.

¿Un gran ejemplo de emprendedor y reinvención profesional? José Ramón García. Corría el año 2002 cuando Blusens —una ambiciosa empresa local fabricante de electrónica de consumo— miraba con valentía a los ojos de las grandes tecnológicas mundiales. Nació con 3.006 euros y llegó a facturar cerca de sesenta millones anuales. Pero la crisis financiera les asestó un duro golpe.

El éxito siempre convive con la derrota y, aunque en este país se castigan los fracasos, José Ramón no se quedó lamiéndose las heridas. Como buen gallego siguió buscando «océanos azules» en los que nadar, aunque a veces tuviera que hacerlo contra corriente.

A buen emprendedor pocas palabras bastan, y así consiguió levantar un nuevo imperio empresarial que habla por sí mismo. Hoy está al frente de Visualiza Business, donde participa financiera y ejecutivamente en más de una veintena de empresas. Ovación cerrada para ti, valiente.

Entorno empresarial: liderazgo, ventas, trabajo en equipo

Muchos conferenciantes tratan el tema del liderazgo, técnicas infalibles de ventas, crecimiento exponencial de resultados... La mayoría, rebotados del mundo de la empresa, como bien apuntó Emilio Duró: empresa que cierra, consultoría que abre. Mucho cuidado con los vendehúmos que hablan de liderazgo —cuando no han tenido a su cargo ni una persona— o de finanzas mágicas o ventas (cuando a lo más que llegan es a vaciar el trastero en Wallapop).

Hablar para un público revenido, que está allí por obligación y que lleva años con el sueldo congelado y ascensos que no llegan, no es fácil. Suelen tener dos focos: mejorar desempeños y catalizar el cambio. En este tipo de ponencias es muy importante alinear los mensajes que lanzar con el organizador, ya que si los dice alguien mediático siempre es mucho más permeable que si lo dice el jefe. Es como los adolescentes con sus padres *vs.* su mejor amigo. Comprobado.

Los cambios suelen generar vértigo, angustia e incertidumbre, que derivan en desmotivación y miedo. Hay que ser muy hábil para saber enfocarlo y traducir eso en un reto desafiante.

Este formato servirá para mantener el optimismo o recuperarlo. Sí, lo sabemos, cuando los resultados acompañan es fácil sentirse motivado y liderar..., pero nos hemos encontrado equipos muy reactivos que gracias a un buen *team building* o una buena conferencia han logrado ese «clic» que los conecta al proyecto.

Un problema recurrente que vemos en los eventos de empresa es que siempre acuden los mismos. Especialmente en las actividades *outdoor*, destinadas a comités de dirección y mandos intermedios a lo sumo. Insistimos en que, al menos, se retransmita por *streaming* para llegar a toda la plantilla, pero la presencialidad solo está reservada a los elegidos de siempre. Con este agravio comparativo, lo que se consigue es quemar mucho más a los equipos.

Por cierto, algo que está funcionando muy bien en el ámbito del liderazgo es nuestra conferencia «Una empresa redonda» (a los que no lo hayáis leído os esperamos en nuestro libro). Recoge la hazaña de Magallanes y Elcano en aquel hito que supuso la primera circunnavegación. Todo un canto al trabajo en equipo.

Diversidad, empoderamiento femenino

Pereza máxima ante todos los congresos hechos por y para mujeres que proclaman un empoderamiento trasnochado a lo Spice Girls. Detestamos ese feminismo (en general todos los «-ismos») mal entendido, donde se busca venganza o repetir los mismos patrones obsoletos del pasado masculino.

Resulta paradójico hablar de diversidad cuando se está discriminando a una parte de la población... ¿Por qué no hablamos de personas? Eso sí es inclusivo, diverso y políticamente correcto. ¿Mujeres alfa? Dame veneno que quiero morir...

Si hay una persona superinclusiva, diversa y empoderada, esa es nuestra querida Bisila Bokoko. Considerada una de las diez mujeres latinas más influyentes de Estados Unidos. Es una embajadora maravillosa: mujer, negra e inmigrante..., ¿alguien da más? «Pensar que lo tengo más difícil es una creencia limitante. Lo realmente difícil es cumplir tus sueños, y en esto, todos tenemos que dar los mismos pasos». Nos ponemos de pie y te aplaudimos, amiga. O esta otra frase: «Diversidad es que te inviten a una fiesta, inclusión es que te saquen a bailar». Admiración absoluta por ti.

Otra persona que está trabajando para mejorar las condiciones de vida de la mujer, es William (Kikanae Ole Pere) el líder de la comunidad masái, a través de su ONG ADCAM y un sistema de microcréditos y taller de artesanía local. La inyección económica para la comunidad masái, el avance hacia una sociedad más igualitaria, la recuperación de la dignidad y valoración de la mujer son algunas de las consecuencias positivas que se están consiguiendo.

Sin duda, nuestro guerrero masái es uno de los conferenciantes que más curiosidad suscita. El efecto wow que consigue con sus conferencias y su atuendo (el tradicional swaka) es difícil de mejorar. Además, William nos habla de emprendimiento social, motivación, resiliencia y autoliderazgo.

Desarrollo personal, mindfulness, bienestar, psicología positiva

No pienses que hay que llevar una túnica e ir con los pies descalzos para estar en esta categoría. Sabemos que el término «autoayuda» está muy manoseado, pero piensa en Mario Alonso Puig y Alejandra Vallejo-Nágera, dos referentes absolutamente fascinantes por aunar sin complejos medicina y espiritualidad. El sentido de sus vidas es ayudar a otros a encontrar el suyo. Cada una de sus intervenciones, libros o artículos te llevarán al rincón de pensar.

Cambiar de hábitos, meditar, gestionar el estrés, comprender y administrar nuestras emociones, aprender a desplegar todo nuestro potencial... Hay muchos motivos de peso para escuchar este tipo de charlas, ojo, no a los charlatanes. Huye de ellos como de la peste.

Si alguien sabe de pasión y entusiasmo es Victor Küppers. Tiene su pedigrí intelectual en la psicología positiva, él no inventa nada, pero comunica como nadie. ¿El secreto de su éxito?: naturalidad, humildad y buen rollo a partes iguales.

Afortunadamente, cada vez más empresas toman conciencia de que, si la persona está bien, el trabajador está bien (y viceversa). Bravo por las iniciativas —como la Semana de la Salud — tan importantes para promover el bienestar de los empleados.

Aventureros

Nacho Dean, Albert Bosch, Álvaro Neil, Edurne Pasabán, Quico Taronjí..., a todos ellos el mundo se les ha quedado pequeño porque ya se lo conocen de memoria, nos hacen soñar y viajar a través de sus fotos, sus anécdotas y testimonios.

Las concusiones son unánimes: nadie encuentra su camino sin haberse perdido varias veces; viajando descubres que todos tenemos los mismos miedos y que no hay mayores fronteras que las que nos ponemos nosotros mismos.

Dar la vuelta al mundo caminando o en bicicleta, escalar las montañas más altas del mundo, recorrer el Polo Sur en solitario... Es fascinante comprobar cómo cuanto más loca es la aventura, más cuerdo está el aventurero. Maravilloso canto a la libertad, la tolerancia y el amor por el planeta y todas las criaturas que en él habitamos.

El conferenciante experto

Tecnología, sostenibilidad, economía circular, cambio climático..., la lista es casi interminable. Esta clase de ponentes son los que más saben sobre un tema específico, o casi, capaces de aportar información muy valiosa y actualizada. Suelen ser especialistas en temas muy nicho y su lenguaje, a menudo, suele ser bastante técnico, por lo que es posible que no lleguen a todo el mundo. A estos, sin duda, los podemos calificar de *expertos*. Salvo a los que se han subido al carro en marcha de la sostenibilidad y a algún que otro pilar de los ODS (Objetivos de Desarrollo Sostenible)

Dentro de la tecnoélite, nos gustaría destacar al rey del metaverso y la inteligencia artificial: Pedro Mújica. Él vive en el siglo XXII y quiere que tú también des el salto cuántico. Sus conferencias son de poco ruido y muchas nueces, lenguaje para *dummies* y más necesarias que el aire que respiras.

A diferencia de algún que otro oportunista televisivo (un metabeso para vosotros) cuyas conferencias pueden contener trazas de ciencia, Pedro posee un perfil multidisciplinar e híbrido entre creatividad, negocio, comunicación, *marketing* y tecnología que le aportan una visión única, además de su bagaje de cuarenta años en el mundo de la tecnología y más de doce con el metaverso. Y no tenemos nada más que añadir, señoría.

También despunta Lucía López, nuestra pequeña gran *hacker* ética. Es la benjamina de Helpers, recién licenciada en Ingeniería Informática. Acostumbrada a luchar contra troyanos y también contra los sesgos que priman en las carreras STEM (acrónimo de Science, Technology, Engineering, Math, traducido al español es Ciencias,

Tecnología, Ingeniería, Matemáticas). No te dejes engañar por su carita de niña y su metro cincuenta. Ya ha trabajado para dos de las mayores empresas del IBEX 35

Conferencias del género *feel good*: humor y monólogos

Tienen la capacidad de hacer llegar su mensaje a través del humor, perfectos para desengrasar un congreso y también como colofón a una jornada distendida (la fiesta de Navidad es la especialidad de la casa). Sus intervenciones suelen ser fáciles de digerir para todos los públicos, aunque no todo el mundo se ría viendo vídeos de gatitos en internet. El humor es uno de los conectores más potentes, pero hay que usarlo con cabeza, respeto y sentido común.

Dentro de esta categoría, hay una vertiente que ha ido un paso más allá, aunando desarrollo personal y diversión en el mismo lote. Aquí están Dani Delacámara, Alonso Ahumor..., y el premio revelación, sin ser nada de eso, es para Ángel Rielo, «el felicíólogo», el conferenciante *it* del momento.

Presentar a Ángel Rielo no es fácil, se dedica a acariciar almas y a hacer cosquillas también. ¿De profesión?, sus risas. También es actor, cantante, escritor, empresario teatral, locutor de radio, monologuista... Es un filósofo de la vida con una personalidad envolvente y una inteligencia escénica insuperable. Su propuesta tiene un hilo conductor, la felicidad, y siempre trata de divertir(se) sin guion, sin miedo y sin vergüenza.

Apartado de la ortodoxia, Ángel tiene unas hechuras que no encajan con el patrón habitual, ya que toca muchas teclas: humor, música, desarrollo personal... Pero llegó, vio y venció.

Su *Pequeño libro de la felicidad*, escrito en estado de gracia, lleva nada menos que dieciséis ediciones. Todos los beneficios van íntegros a la fundación Mensajeros de la Paz de su querido amigo, el padre Ángel.

La energía que desprende es arrolladora a cualquier hora del día o de la noche, y la forma en la que hace sentir a los demás dice mucho de él. También es cierto que ser guapo y divertido es una fórmula que lleva funcionando desde hace varias glaciaciones.

Conferencias espectáculo: motivar tiene truco

La fascinación por los magos es evidente: algunos nos dejamos sorprender, otros están buscando el truco..., pero la diversión está asegurada para todos. Si además les dan unas pinceladas de humor, espectáculo y algo de contenido empresarial, el éxito —y el efecto *wow*— está asegurado. Jorge Blas, Íñigo Sáenz de Urturi, Manuel Feijóo, Luis Piedrahita, Miguel de Lucas, Luis Boyano; Ramón Fauria son algunos de ellos. Eso sí, que no te hagan el truco y contrata solo a profesionales.

¿Conferencias? de famosos

Las grandes corporaciones —en su afán por lograr el más difícil todavía— suelen ir más allá y a menudo solicitan la presencia de personajes públicos en sus eventos solo para hacerse la foto. En función de la solicitud podemos acertar con seguridad las aficiones y gustos del CEO de la compañía. No falla.

¿Qué ocurre con este tipo de invitados mediáticos? (como veis, no los vamos a calificar de ponentes). Pues, sencillamente, no lo necesitan. Suelen pedir un caché desorbitado y si el cliente es tan... tan..., digamos, generoso como para pagarlo, el famoso dará una conferencia desganada y sin preparar, que va a resultar muy pobre viniendo de ellos. Pero el CEO ya tiene su foto y eso, lamentablemente, es todo lo que importa.

Helperconsejo: Famosos del momento, cocineros estrellados (perdón, con estrella Michelin)..., sus conferencias no envejecen bien. ¿Nuestro consejo? Mejor abstenerse de su contratación. Si eres tú el famoso, ten la decencia de preparar tu intervención.

Spam de *coaches*

> «Los hombres sabios hablan porque tienen algo que decir,
> los necios lo hacen porque tienen que decir algo»,
> Platón.

Lo sentimos por los maravillosos profesionales del mundo del *coaching* con años de dilatada y exitosa trayectoria (como es el caso de Enrique Jurado, uno de los pioneros en España), pero, en general, hay una plaga de coachinismo que se nos ha ido de las manos, junto con otras ciencias ocultas como el neuroliderazgo, la neuroconsciencia —y no sabemos cuántas neuras más—, que están saturando el mercado y haciendo un flaco favor a la comunidad científica y, en particular, a la psicología.

Tenemos que admitir que estamos un poco perdidos con las etiquetas que se cuelgan alegremente algunos sin tener la necesaria experiencia: «sistémico», «transversal», «experto en programación neurolingüística», «*coach* ejecutivo», «ontológico»… No son más que complementos de relumbrón para decorar y tratar de aparentar un estatus académico.

Cuando el mercado laboral te escupe con cuarenta y cinco o cincuenta años (¡viva la diversidad y la inclusión!…, del «edadismo» hablaremos otro día), es una situación traumática y, a menudo, la única salida profesional es reinventarse y emprender. Si los jóvenes solo quieren ser *influencers* y youtuberos, muchos seniors (que se han quedado orillados en el mercado laboral) han decidido buscar su «para qué» y entrar en esa fosa común que es el mundo del desarrollo personal, de la que pocos salen con una vida profesional digna.

No estamos —ni mucho menos— en contra de los *coaches*, pero sí de los malos *coaches*. Los advenedizos, con su cursillo de fin de semana (en escuelas donde nacen, crecen y se reproducen los gurús de la *new age*), están saturando el sector y cada vez hay menos espacio para profesionales brillantes que realmente aportan. La experiencia no se improvisa.

Y, cuidado, porque hay otros que ni eso, se han leído *El poder está en ti* y *Quién se ha llevado mi queso* y ya se sienten capacitados para hablar con autoridad de experto y, atención, arreglar tu vida. Gracias, pero no necesitamos vuestra sabiduría zen, preferimos pedirle consejo a una güija…

Hemos conocido a muy pocos con formación universitaria y, desde luego, menos aún en empresariales, recursos humanos o psicología, y sobre todo con la experiencia suficiente. De ahí que tengan que recurrir a las «coletillas» de experto, referente o maestro para intentar ganar credibilidad.

Y luego están sus «avales de autoridad», todos han hecho sesiones de *coaching* para los grandes directivos del Ibex 35… Cuando preguntas dónde y a quién para verificar las referencias, la respuesta es muy astuta: «Secreto profesional».

Y sí, lamentablemente, también pretenden dar conferencias y suelen ir de figurantes para rellenar. Su filosofía en zapatillas de andar por casa se queda muy corta. Les falta calle. Salvo decir alguna estupidez bienintencionada y topicazos como lo de la zona de confort o los entornos VUCA -acrónimo de volatilidad (volatility), incertidumbre (uncertainty), complejidad (complexity) y ambigüedad (ambiguity)-, su discurso está muy oxidado ya. Hay películas porno con más argumento.

Helperconsejo: Si eres *coach* o estás pensando en serlo, fórmate. Pero con seriedad y en un sitio certificado y con prestigio. Huye de los clichés y lugares comunes que tanta pereza dan, busca tu propia voz y, ante todo, sé muy responsable con tus mensajes. Lamentablemente hay mucha gente atravesando una situación personal complicada que los convierte en vulnerables. Ten ética.

Los todólogos
. . . .

> «Se necesitan dos años para aprender a hablar
> y sesenta para aprender a callar»,
> Ernest Hemingway.

Ay, Señor, qué cruz… Ahora le toca el turno a los «todólogos», esos conferenciantes que se envalentonan y son capaces (o eso piensan) de hablar de cualquier tema:

liderazgo, diversidad, sostenibilidad, metaverso o poesía libanesa. Allá van ellos, con una autoestima a prueba de balas que les permite exponer con entusiasmo y convicción..., pero jamás con autoridad.

A veces no toda la culpa la tienen ellos, las propias empresas se empeñan en contratar ponentes que no encajan con la temática ni con el formato. Te llegarán propuestas de todo tipo, de ti depende tener la honradez suficiente para rehusar.

Aún no nos hemos repuesto de alguna de esas propuestas... La más pintoresca fue a uno de nuestros deportistas. Uno de sus seguidores —al que no conocía— se casaba y le quiso contratar para ejercer de «amigo íntimo» en la boda. Tal cual.

Para enfrentarte a un público en calidad de experto y con solvencia, es necesario tener conocimientos, una opinión formada y una trayectoria sólida (y demostrable). Las conferencias donde el ponente está cogido por los pelos resultan montoneras, repletas de palabras gastadas y con poca sustancia. En lo que a nosotros respecta, tiene efecto rebote, como las dietas: los hace decrecer enormemente como profesionales y exponencialmente como personas.

A menudo los todólogos, a falta de consistencia y sustancia, suelen caer en la tentación de recomendar estudios y libros que muy probablemente jamás han leído ni leerán, fusilar frases de otros haciéndolas pasar como propias y, por supuesto, hablar con una terminología que les queda muy grande. Todo *speaker* debería conocer bien el tema que va a exponer. Detestamos a los ponentes que cuentan historias que no han vivido y dan lecciones que no han aprendido.

Somos actualizables, como el *software*, pero eso no te valida para ser un todólogo. Estudia, lee y nunca dejes de refrescar conocimientos, pero sé consecuente. Si te has vendido muchas veces, al final nadie te comprará.

Helperconsejo: No hagas pesca de arrastre. ¿Es posible tratar cualquier temática cuando eres un conferenciante experimentado? Probablemente sí, pero tú sé honesto y coherente. Si te pones a hablar de liderazgo, sostenibilidad y motivación, ninguna de las patas quedará bien calzada. Focalízate en aquello en lo que eres extraordinario, difúndelo tanto como sepas y puedas, pero declina las propuestas que no estén alineadas con tu *expertise*. En Helpers huimos de los todólogos, a nosotros particularmente se nos indigesta su menú degustación.

El síndrome del narcisista

«Un egoísta es una persona que piensa más en sí misma que en mí»,
Ambrose Bierce.

Frente al síndrome del impostor —anteriormente citado— existe el contrapunto en el síndrome del narcisista. Se manifiesta en personas que jamás se plantean si sus actos aportan valor porque, efectivamente, todo lo que hacen creen que es perfecto.

En general, muchos conferenciantes tienden a gustarse en exceso y a hablar demasiado de sí mismos, pero es previsible que se conviertan en el centro de todas la conversaciones debido al magnetismo que desprenden, y es comprensible que el foco esté en ellos. Lo malo es cuando se convierte en patológico, donde narcisismo, yoísmo y egocentrismo van intrínsecamente unidos. Y sí, a más de uno nos hemos encontrado. Y sí, son insufribles con su discurso ensimismado y ombliguista.

Albert Einstein (que tenía una frase idónea para cualquier situación) sentenció: «Intenta no volverte un hombre de éxito: conviértete en un hombre de valor». Por muy bonita que sea la intención de la frase, la realidad es otra bien distinta. Existen personas que trabajan única y exclusivamente para alimentar y expandir su ego, necesitan sentirse validados y admirados por los demás constantemente.

Cuidado, un ego inflado nos incapacita para aprender de nuestros errores, perdemos la perspectiva y nos aleja de los demás, este tipo de perfiles suele dejar muchos cadáveres por el camino: van confundiendo a muchos y defraudando a otros. Debemos tener humildad, jamás dejar de ser amables y mostrar agradecimiento.

Helperconsejo: Si tu único objetivo es el reconocimiento de los demás, el resultado y el impacto se van a ver considerablemente mermados. Deja el ego encerrado en una habitación a oscuras e insonorizada y ábrete con humildad. Tienes que sentir orgullo de lo que haces, pero no desde la vanidad, porque al final acabará por pasarte factura.

Maestros de ceremonias

....

> «El tiempo es un maestro de ceremonias que siempre
> acaba poniéndonos en el lugar que nos compete»,
> José Saramago.

Maestro de ceremonias, qué solemne suena, ¿verdad? Seguro que cada vez que lo escuchas te viene a la mente alguna boda en la que estuviste, la gala de los Óscar o una función de circo (siempre que no tenga un rimbombante nombre francés). Lo curioso, y fascinante, es que este sinónimo de presentador bebe de todo lo anterior.

En general son personas con muchos recursos, capacidad de improvisación y saben muy bien qué teclas tocar para captar la atención del público. Se encargan de conducir y dinamizar el acto, dando paso a los diferentes puntos agendados y amenizando las transiciones.

El origen de esta función hay que buscarlo en las ceremonias católicas —documentadas desde el siglo v— y en aquella figura que se encargaba de que los rituales papales fluyeran adecuadamente.

Y hablando de *fluir* —y más concretamente de *flow*—, es inevitable hablarte de algo que quizás no estés contemplando: presentar tú también eventos. Aparte de colaborar como panelista o actuar de moderador, es muy probable que tarde o temprano surja el «ya que estás aquí…», y te propongan hacer de presentador.

Si piensas que lo tuyo es solo ser conferenciante, ni te lo plantees. Te lo hemos repetido hasta la saciedad: honestidad, ante todo. Pero es cierto que cada vez nos están demandando más las empresas ese doble rol de ponente-presentador o panelista-moderador. Ahí te la dejamos botando…

¿Hasta dónde puedes llegar como maestro de ceremonias? Si no te dedicas profesionalmente al mundo del espectáculo, seguro que te da vértigo y piensas que te han enmierdado con esta labor, porque eres el que «más a mano está», «tienes mucha labia» o «al resto nos da miedo escénico». Hemos visto de todo, pero lo normal es que el presentador ocasional esté incómodo, ya que no es su hábitat natural y, en general, no le pone nada de ganas o las cosas no salen de un modo tan profesional como debería ocurrir. ¡Y bastante hace el pobre Paco de *Marketing* con la que le ha caído!

Suéltate, el estar capacitado para presentar es el resultado natural de saber hablar bien en público. Formarte en oratoria, artes escénicas, *storytelling*…, te va a abrir todo un mundo de oportunidades que ni soñabas.

Obviamente, en eventos corporativos, de asociaciones (de la que seguro eres miembro) o grupos variopintos donde te piden que colabores, es probable que no seas remunerado económicamente por hacer de maestro de ceremonias, pero, si has aceptado, tu compromiso es hacerlo lo mejor posible, y eso depende en gran medida de lo mucho, o poco, que te prepares.

¿Estás listo para ejercer de maestro de ceremonias y triunfar en el intento? Aquí van unos cuantos *tips* que tener en cuenta.

Ya hemos dicho hasta la extenuación que te prepares. Conocer la escaleta es fundamental, obvio, pero no te conformes con llevar el nombre de los participantes escrito en una cartulina y darles paso leyendo. Si te limitas a leer se perderá la magia. Tampoco memorices parrafadas, porque resulta antinatural, ten cerca tus notas únicamente con datos clave y, si es posible, escritas con tu propia letra. Nada de diez folios (sin numerar) que se puedan caer y descolocar. Lo ideal es concretar todo en un peque-ño tarjetón donde plasmes el mapa mental que seguir.

También te resultará de ayuda conocer a las personas a las que vas a presentar, trata de hablar con ellos antes o, al menos, mira sus perfiles en LinkedIn, sus caras, sus trayectorias profesionales... Llegado el momento, esa «familiaridad» ayudará a que las cosas fluyan.

Tenemos interiorizado que llegar con tiempo cuando eres ponente es esencial (para evitar nervios y chequear todo). Si eres el presentador, no es esencial, es obligatorio. Lo más probable es que hagáis un ensayo previo con los participantes presentes... Todos debéis tener meridianamente claro el orden y el *timing*. Especialmente tú, claro. Y, por supuesto, cuenta con que habrá cambios de última hora, ajustes de agenda, un ponente que se retrase... Fluye, sé colaborador y transmite buen rollo.

Y, precisamente, en esa línea viene el siguiente consejo: sé amable con los técnicos de sonido. Sí, esos espectros de camiseta negra parapetados tras una mesa llena de botones. Están habituados a ser ignorados hasta que algo no funciona... Pregúntales sus nombres, agradece su labor en público y en privado. Créenos, te pueden sacar de más de un aprieto: pilas del micro que se agotan, vídeo que no entra, proyector que se apaga...

Los primeros minutos son los más difíciles: tú estás en pleno apogeo de nervios, el público está decidiendo si les gustas o no... Por eso es tan relevante que ensayes las partes fundamentales: la apertura y el cierre.

Puede resultarte de ayuda, si no te dan una intervención guionizada, crear un hilo conductor para dar paso a cada ponente o actuación e hilvanar las intervenciones para que no parezcan «islas». Eso sí, no te despistes mientras no estés en escena, un buen moderador tiene que estar pendiente de cada idea que se lanza y saber resumirlas de forma precisa.

Helperconsejo: si te ha tocado presentar o moderar una mesa redonda, no te subestimes ni subestimes el evento. Por modesto que sea y aunque no estés cobrando por ello, nunca sabes la repercusión y adónde te puede llevar tu actuación estelar micrófono en mano. Trata de dar lo mejor de ti en cada ocasión. No hay más.

Catálogo de productos

«Todo lo que puedes imaginar es real»,
Pablo Picasso.

¿Tienes dudas sobre qué tipo de evento quieres realizar? ¿Ya tienes claro tu objetivo? A menudo nos hemos encontrado con que muchas personas y empresas no tienen realmente clara la diferencia entre los diferentes formatos a la hora de formar a grupos o presentar información.

Lo ideal es que seas todoterreno y tengas varios productos en tu catálogo para ofrecer a las empresas, si te ciñes solo a impartir conferencias, el cliente que te ha contratado difícilmente va a repetir en el mismo año contigo. Pero si ofreces talleres, actividades *outdoor*, mentorías…, puedes realizar varios impactos a lo largo del año, con lo que el mensaje a lanzar será más permeable y el retorno será mucho mayor. Ya sabemos que «empleados felices, empresas rentables».

Necesitas tener productos que vender, algo que ofrecer después de tu charla, es decir, un negocio detrás del de conferenciante para complementar tus honorarios como *speaker*. Es imprescindible tener vídeos que te muestren en acción para que tus potenciales clientes puedan verte y valorar tu contratación. Usa YouTube, Vimeo…, incrusta tus vídeos en tu web, blog…

Y en cuanto a reforzar tu marca personal y mantener activa tu comunidad de seguidores, es muy recomendable que tengas una oferta amplia: podcasts, vídeos, tutoriales, seminarios, infoproducto (cursos enlatados), formación, membresías a tu canal, *master classes*… No hace falta que tengas de todo ni todo va a ser gratuito, pero sí una variedad, con lo que no debes ignorar esa potencial fuente de ingresos versión *take away*.

Eso sí, has de ofrecer siempre un producto de calidad independientemente del formato. Escuchar el mercado, indagar tu nicho y saber qué se está demandando es fundamental para aportar valor. Responde a las necesidades que detectes (aunque se trate de un producto que otros muchos ofrecen) aportando tu experiencia y tu toque personal. Desmárcate.

Si estás empezando y no tienes una marca personal consistente, hacen falta dos pilares: credibilidad y reputación. Sin ellas, es inviable pretender ser referente. Regala conocimiento, suma, aporta…, agrega valor permanentemente y que supere las expectativas de tu público objetivo, es decir, tus clientes potenciales.

A esto se le llama «conversión», tus seguidores pasan a ser fans y, finalmente, clientes al comprar tus productos o servicios. Mucha cautela con esa estrategia burda del «te doy un poco, me pagas y te explico el resto», porque las personas percibirán (y cuestionarán) tu retorcido sentido del dar.

Si eres activo en las redes y compartes contenido de valor, la gente estará más predispuesta a darle *like*, a seguirte, a compartirlo y a recomendarte. Por cierto, no presumas en las redes de tu última conferencia si en realidad solo has asistido al evento o republiques alguna de hace meses, la verdad siempre sale a la luz. Y no te vendas como el ponente principal de un evento cuando has ido gratis en una breve intervención. Sobre todo, no escribas el manido «ayer tuve el honor...» en actos sin relevancia. Aburres mucho.

¿Cómo andas de técnicas de venta? El principio de escasez es una herramienta muy potente para captar clientes si estás vendiendo infoproducto o cursos al público en general. Se basa en el principio que rige a toda persona consumista que se precie: lo quiero, lo necesito.

Recurre al «solo hoy al 50% » o «descuento para los primeros cien», «si compras ahora te llevas una mentoría de regalo...», «date prisa, solo quedan dos plazas disponibles»; son estrategias que, por más que se usen, siguen funcionando. Al menos, a corto plazo. Personalmente estas técnicas de teletienda, especialmente los descuentos del noventa por cien o más, nos parecen burdas y manipuladoras. Seguro que hay métodos más éticos con los que te sientas más cómodo.

Obviamente, si un cliente potencial está en modo buscador y encuentra tu oferta igual o parecida a otra que tiene en el radar, y además le estás dando un bonus sin coste adicional, te llevas el premio gordo. No hay nada (casi) malo en esta práctica, el problema está en que la mayoría están inflando los precios contando con que ahí está incluido el margen de descuento o el coste extra del supuesto regalo.

Helperconsejo: Seminarios, cursos, talleres, formaciones, conferencias..., la oferta es amplia, pero lo que debes tener meridianamente claro es que, si resuelve problemas, tendrás clientes. No vendas productos, vende resultados. Vende el dolor que quitas, el problema que solucionas.

MARCA PERSONAL Y EFECTO HALO

«Más vale el buen nombre que las muchas riquezas»,
Miguel de Cervantes.

¿Has googleado tu nombre alguna vez? No te avergüences, todos lo hemos hecho. Esos resultados que arroja la red son tu marca personal. ¿Sales favorecido?

Tu marca personal es el perfume que vas dejando a tu paso... Es tu ADN (que te diferencia y hace único), define tu esencia, tu manera de ser, estar y hacer y cómo lo trasmites a los demás.

Pasar a convertirte en un referente —desde el ostracismo del anonimato—, es cuestión de tiempo, trabajo bien hecho y constancia. Complementa tu currículum y ayuda a posicionarte con autoridad (lo que repercute en más y mejores clientes). Deberás acompañar a tus seguidores en ese viaje de crecimiento de tu marca desde el desconocimiento, descubrimiento y venta. Para que luzca en todo su esplendor, tu marca personal ha de transmitir autenticidad y ser capaz de destacar y ser visible, lucir como un faro (en plena tormenta de candidatos ramplones ofreciendo más de lo mismo), que atraigas a la gente con tu luz.

Revisa estos tres factores: experiencia, autoridad y confianza. Son determinantes para construir una marca personal consistente. La autoridad está basada en la trayectoria profesional (y personal) y en la confianza que generas, de eso dependerá crear una comunidad fiel que te siga, y que te compre. Ten presente (y futuro) que no hay marca personal si no tienes capacidad de influir en los demás, de ser un agente de cambio, un referente.

Debido a los niveles de visibilidad que puedes alcanzar en las redes sociales, ya no tienes que salir a buscar clientes a puerta fría, por ello, tu huella digital será tu prioridad. Usadas de manera estratégica, las redes son una herramienta esencial para prosperar y posicionarte en el entorno laboral actual. Hoy por hoy, no hay mejor escaparate. Deja de compartir fotos de tus pies en la playa («aquí, sufriendo») y empieza a crear contenido de valor. Tu marca personal es una promesa de calidad, no lo olvides.

¿Y si añadimos el efecto halo a la ecuación? El término fue acuñado en 1920 por el psicólogo Edward L. Thordike. Se trata de un sesgo cognitivo, es decir, «atajos» de nuestra mente que saca conclusiones rápidas y precipitadas, procesando la información de manera errónea. Debido al efecto halo, consideramos que muchos deportistas, actores, cantantes famosos, presentadores e *influencers* son personas dignas de seguir y de escuchar. Cuanto más sepamos sobre los sesgos cognitivos, más precavidos seremos con nuestras percepciones y juicios.

Un *must have* para trabajar en tu marca personal es tener una web para darte a conocer. También es casi obligatorio tener un blog, un libro publicado y algunos *e-books* más breves para descargar (*lead magnet*) con los que podrás captar el *e-mail* de tu audiencia y crear una base de datos para comunicarte mediante *newsletter*. Servirá para que te perciban como un experto en tu ámbito y te contraten como conferenciante.

Helperconsejo: Que ya seas un experto no implica que seas considerado un referente: ¡sal de la trastienda y muéstrate en el escaparate! Ah, y ten muy presente que los clientes vienen y van, pero tu marca personal sí que es para siempre.

Carisma y don de gentes

«Unos nacen y otros se hacen»,
refrán popular.

¿Verdad que hay personas que parecen tener un imán? Carisma, magnetismo, atractivo, personalidad, encanto, liderazgo…, llámalo como quieras, ese *je ne sais pas quoi* capaz de atraer y generar una admiración en los demás tan especial. Esa atracción desencadena deseo, curiosidad y facilita la confianza y la conexión emocional, sin duda, este tipo de personas tienen una gran capacidad de influencia y un claro componente aspiracional.

Muchos de los conferenciantes más top, tienen ese don. Su estilo de vida, valentía, estatus despiertan admiración e inspiración a partes iguales. ¡Despliega tú también la magia!

Pero ¿qué es exactamente el carisma? Quizá no puedas dar una definición instantáneamente, pero si te pedimos que pienses en una persona que sea carismática, seguro que te viene rápidamente alguna a la mente. Las personas carismáticas triunfan de un modo natural, aunque, a menudo, necesitan ser los protagonistas y obtener el aplauso del público. Es más que un mero aspecto físico, tiene que ver con la actitud, con la manera de hacer las cosas.

Suelen tener una destacable habilidad social y saben hacer uso del lenguaje para persuadir e influir en los demás.

Euprepio Padula —el genial comentarista de televisión, escritor y *coach*—, en su libro *Don de gentes*, reflexiona sobre este fenómeno. Asegura que, cuando conoces a una de esas personas, la energía que desprenden hace que quieras pasar más y más tiempo con ellas. Es como si tuvieran una personalidad adictiva.

¿Cualquiera puede ser atractivo? Pregunta complicada de responder, pero sí que es posible potenciarlo. Sé un creador de impacto, con una personalidad magnética y que atraiga a los demás, expresa tu personalidad, cuida tu imagen. Si además tienes la suerte de ser atractivo, enhorabuena. Tu público te adorará.

También hay triunfadores natos sin ese ingrediente mágico. Personas que, *a priori*, podrían parecer «anticarismáticas», como Amancio Ortega y su perfil bajo, o el expresidente del gobierno Mariano Rajoy («solo soy un señor de Pontevedra»). ¡La humildad puede ser muy atractiva!

Para bien o para mal, salir en la televisión, entrevistas en medios, etc., también proyecta efecto halo y multiplica la visibilidad. El problema es cuando el cliente confunde «famosos con referentes» y recurren a estos personajes, en lugar de a personas que realmente aporten valor a sus eventos. Pero eso es una enfermedad crónica con la tenemos que aprender a vivir. Hazte cargo y no te frustres.

Helperconsejo: Cuando uno logra conectar consigo mismo, es mucho más fácil que pueda conectar con los otros. La autoconfianza es un atributo básico para desprender carisma. Si no crees en ti, difícilmente lograrás que los demás lo hagan.

Encuentra tu voz. Quién eres, quién quieres ser y quién es tu público objetivo

> «Sé tú mismo. Los demás puestos están ocupados»,
> Oscar Wilde.

La ecuación que tienes que resolver es: «¿Para qué quiero dar conferencias?». Si piensas que te vas a forrar siendo *speaker*, olvídate, seguramente juegues en tercera regional toda tu vida. Ahora, si tienes un propósito más elevado —independientemente de monetizarlo—, es probable que la pasión y la honestidad te ayuden a lograr tus objetivos. Ser conferenciante conlleva tener vocación de servicio: estás para ayudar, no para ayudarte. Fuera egos.

Ya hemos insistido en que debes ser genuino, original. Que sean otros quienes te copien. Y, créenos, tarde a temprano lo harán. No solo te imitarán en el estilo, te plagiarán ideas y publicaciones sin citarte. Nos ha pasado a todos. Si no es algo flagrante, déjalo estar. Es habitual asistir a conferencias «buenas y originales» donde la parte buena no siempre es totalmente original y la original, no suele ser buena. Recuerda: se copian las ideas, pero no el talento.

Si quieres ganar credibilidad, busca tu nicho, focalízate en un tema —aunque sea generalista— y abre el contenido desde un prisma único, el tuyo. Huye de los lugares comunes (al próximo que hable de «salir de la zona de confort» le vamos a ignorar de por vida), busca tu camino, con personalidad, con valor, y desmárcate de la masa.

Habla desde la experiencia y la honestidad, es la única manera de impactar y lograr resultados. Encuentra tu tema ideal, aquel en el que eres experto y donde puedes aportar ideas frescas, como hicieron Teresa Viejo con la curiosidad; Victor Küppers hablando de la actitud; Julio de la Iglesia, del miedo; Paul Montiel, el *Hombre de titanio*, paradigma de la resiliencia..., todos ellos referentes indiscutibles.

La integridad siempre es un valor en alza del que hacer gala. Nos gustan las personas que ayudan a los demás, dicen lo que piensan, hacen lo que dicen y actúan en consecuencia, siendo coherentes y sin perder los valores por el camino. De lo contrario, se creará una brecha que afectará a su credibilidad. Por descontado, cultiva e incentiva valores humanos alineados con todo aquello que representas, como son la ética, el respeto, el autocontrol, la solidaridad y el altruismo.

Trabaja en proyectar una imagen impecable. Hay miles de asociaciones en las que puedes colaborar, siempre hay alguna más afín que otra. No vayas solo a hacerte la foto, hazlo de corazón, recuerda que ayudando nos ayudamos todos. Ese es el espíritu Helpers. Pero, repetimos, que sea parte de ti, no solo cuando los focos están encendidos. Hay que ser sublime sin interrupción, como decía Baudelaire.

Antes de lanzarte al ruedo, debes tener definido tu perfil y pensar en cuál será tu público objetivo. Generalmente vas a trabajar para empresas y asociaciones. No obstante, te aconsejamos ser flexible y tener capacidad de adaptación para no cerrarte puertas y poder adaptar el discurso a cada ocasión.

Recuerda que nadie sabe quién eres, por mucho que a tu ego le duela. Acude a seminarios, eventos de desarrollo personal o de divulgación, relaciónate con tu sector y cultiva las relaciones *off-line*. Accede a participar en eventos gratuitos, siempre que sean de calidad y sumen en tu propósito.

Si quieres hablar en público, tienes que saber hablar bien en público. De nada sirve tener chispa y desparpajo si descuidas aspectos como la puesta en escena, el lenguaje no verbal o tu presencia misma. Todo ello es indispensable en un orador profesional. Por mucho que creas que estás preparado (has dado clases en universidades, has impartido ya varias conferencias y tu madre te dice que lo haces muy bien), probablemente hay varios detalles que se te escapan. La oratoria es una carrera de fondo, no un esprint. Casi te diríamos que es una carrera sin meta… Siempre hay margen de mejora.

Te recomendamos que te formes y hagas un curso de oratoria, asistas a clases de teatro o, mejor aún, acudas a nuestra Escuela de Speakers. Allí te asesoraremos sobre qué te sobra o qué te falta y podrás realizar un módulo o varios, en función de tus necesidades. Incluso puedes recibir asistencia para construir una conferencia de impacto.

¿Un buen ejercicio?, observar a los mejores. No solo te van a regalar sus perlas de conocimiento; además, estos expertos se han enfrentado centenares de veces a la experiencia de hablar en público. Aprende de ellos. ¿Un mal ejercicio?, observar a los *speakers* americanos y copiarlos. Afortunadamente, este estilo pierde efectividad al cruzar el océano y en nuestro país están en temporada baja.

Eres libre de decidir tu sello, y si quieres adoptar el estilo de telepredicador, allá tú. América es la cuna del desarrollo personal y las conferencias espectáculo. Por cierto, ¿ya has aprendido a levitar en el escenario?

Personalmente no terminamos de pillarle el punto a eso tan americano que hacen los americanos: gritar. Ahí tienes al gran gurú del desarrollo personal, Tony Robbins, que arrastra a millones de personas con un fanatismo que no se veía desde los mejores tiempos de los Beatles. Hay muchas personas que le veneran, aunque nosotros no nos encontremos en sus filas, pensamos que está sobrevalorado como los másteres o el tofu.

Helperconsejo: Por mucho que te prepares, tu conferencia de novato va a tener todos los defectos y todas las virtudes de un ponente primerizo. Cuenta con que vas a atravesar una etapa de prueba-error, de ajustar, corregir y volver a ajustar. Tu conferencia ha de ser algo vivo que crezca de un modo orgánico, no te acomodes, debe estar en versión beta constante. Actualízate.

Cómo construir tu marca personal de cero

«Tienes que hacer que ocurra»,
Denis Diderot.

La teoría está clara: primer paso, ser conocido; segundo, ser confiable; tercero, ser convincente. La práctica ya es bastante más complicada, porque no es nada sencillo ni rápido crear una marca personal resultona, consistente y que envejezca bien.

Para ayudarte a levantar los pilares de tu marca, una de las herramientas es el *ikigai*. Seguro que ya has oído este concepto japonés (significa «tu razón de ser y de existir»), porque ha sido muy difundido en Occidente dada su sencillez, y porque nos entusiasman todas estas chorradas orientales, que ya existían de siempre, pero cuando algún *palabro* se pone de moda, muchos se obnubilan pensando que acaban de descubrir la piedra filosofal. Básicamente consiste en aportar valor a través de lo que eres, a lo que te dedicas y la forma en la que lo haces.

Si no eres de filosofía oriental, te recomendamos dos referencias patrias. Si quieres potenciar tu marca, es aconsejable que sigas o leas a Rubén Martín (su libro *Cómo crear tu marca personal. Aprende a diseñar tu mejor versión para alcanzar el éxito personal y profesional*) y a nuestros queridos Ana Pedroche y Fran de Vicente (*Posiciónate tú primero*), dos biblias para construir y reforzar tu marca y lograr posicionarte. ¿El mejor consejo?, que te alejes de modas marketinianas, que crees expectativas reales y honestas y trates de posicionarte de un modo sostenible en el tiempo y con coherencia.

Si ya tienes claro el producto o servicio que vas a ofrecer, viene la parte entretenida: ¿cómo lo vas a lanzar?

Tanto si eres *coach*, formador o similar, seguramente quieras buscar un «nombre de guerra» para tu método o producto basado en un anagrama, y que te desmarque del resto. ¡Meeeck, error! Sentimos decirte que ya está muy trillado y personalmente creemos que aporta poco. Tu cliente potencial quiere que ofrezcas soluciones… No hace falta que lo envuelvas en papel de regalo, solo que sea efectivo y que lo demuestres. Si aun así insistes en sofisticarlo, sé práctico, busca un nombre amigable, fácil de recordar, pronunciar, buscar y posicionar.

Trabaja tu imagen «corporativa» como si de una multinacional se tratara, que incluya tipografías de letra, colores, estilo… Todo en consonancia y que vaya creando tu identidad, claramente diferenciable.

Para que una marca personal funcione ha de ser... *personal* (e intransferible). El ADN de tu marca tiene que destilar tu esencia, valores, propósito y todos aquellos rasgos que te identifican. Busca tu nicho, especialízate y no pretendas figurar donde no eres experto.

Viste tu producto de un modo atractivo. Busca un título original para tu charla, método o curso que llame la atención de tu audiencia, sin olvidar nunca que lo que importa es el contenido, no el envoltorio. Y si lo acompañas de un logo molón, es como añadir complementos a tu estilismo..., ¡realzan cualquier *look*!

Pon foco en la estrategia. Ya sabemos que las redes sociales son un escaparate fantástico, pero has de afinar el tiro; no por estar en más redes, la visibilidad se va a multiplicar. Te recomendamos una estrategia muy enfocada a Instagram/LinkedIn, y siempre aportando valor, es la única manera de conseguir credibilidad y ganarte la confianza de tus seguidores, futuros clientes.

No seas cansino, si estás en modo venta 24-7, la gente no se va a interesar por ti. Piensa bien cuál es tu *target* y adapta tu contenido a ello. Aporta valor, aporta conocimiento, aporta soluciones. No trates de vender, sino de ayudar a que te compren.

Ya te hemos dicho la importancia de conectar con tu audiencia, de empatizar y ganarte su confianza. ¡Cuéntales tu historia! Diles de dónde vienes..., muéstrales ese viaje del héroe transformador. Es importante que tu público sepa a quién está escuchando, si eres confiable y si tienes la suficiente autoridad como para estar hablando de lo que hablas. Pero no te focalices solo en tus logros, nos encanta ver a gente exitosa hablando de sus fracasos.

En general la mayoría de tus seguidores solo quieren tener contenido gratis. Ya crearás la necesidad en ellos, aunque aún no lo sepan. Sorpréndelos, capta su atención, enamora a tu audiencia, crea ese efecto halo para que quieran seguir creciendo contigo.

Prepara un vídeo presentación (no más de un minuto) o dosier (en inglés también si lo hablas) y, por supuesto, invierte en tu web —ya te hemos avisado antes—, puede ser la puerta de entrada a muchos clientes. Cuando alguien realice una búsqueda en Google, tu web tiene que ser lo primero que aparezca. Recuerda que la gente no va a buscar tus servicios o producto, te va a buscar a ti directamente o a tu marca. Optimiza tu página: muestra una buena imagen, mejor navegación y experiencia del usuario, un *e-mail* profesional (¡¡¡olvídate de esa dirección primeriza de Gmail que creaste hace veinte años y que no pasó el filtro del tiempo!!!).

Cuida los detalles al máximo, proyecta una imagen de calidad. A la gente no le gusta perder el tiempo, de ahí que un vídeo sea una herramienta potente. Explica brevemente quién eres y qué ofreces. Usa luz natural o aro de luz. Si puedes, contrata a un cámara profesional: iluminación, sonido, edición, postproducción e incluso un teleprónter que te ayude con el texto. Puedes encontrar profesionales a precios competitivos.

Helperconsejo: Digas lo que digas…, eres lo que haces. Sé cuidadoso con tu presencia en redes sociales, son el lugar perfecto para darte a conocer y ganar una buena reputación como conferenciante. Cuidado con cruzar líneas rojas y con cómo te muestras o te muestran en las redes.

Qué es el *speaker* persona

¿Recuerdas aquella canción de Enrique Urquijo: «Pero cómo explicar que me vuelvo vulgar al bajarme de cada escenario»? Está claro que por mucho que trates de ser «tú mismo» encima de las tablas, la imagen que vas a dar, ese «yo comunicador», distará mucho de la versión «yo en zapatillas de andar por casa». Esa faceta tuya, con la adrenalina corriendo por tus venas y dándolo todo…, ese es el *speaker* persona.

¿Hasta qué punto te conoces al hablar en público? En la creación de ese *alter ego superstar*, tienen un peso esencial tu credibilidad, la capacidad para conectar con el público y, algo que veremos más adelante, los ingredientes aristotélicos que van a condimentar tu actuación (*ethos, pathos y logos*), además de enriquecer tu puesta en escena.

Cierra los ojos, piensa en tu *speaker* persona, imagínatelo bajando por unas escaleras, los focos sobre él…, y una nube de humo rodeándole. Venga, si quieres, añade un ventilador gigante a lo Beyoncé. ¿Cómo es esa imagen tuya y cómo desearías que fuese? Apunta las características que te definan como ponente y aquellas cualidades que te gustaría tener y que aún no has logrado. Pueden ser rasgos tanto positivos como negativos. Sé sincero, te ayudará enormemente a precisar dónde te encuentras y adónde quieres llegar.

Te vamos a ayudar: verifica que tienes estos «imprescindibles» en tu haber: comunicación, carácter y compromiso.

Por delante tienes un trabajo de pulido y esmaltado considerable si quieres profesionalizar esto de dar conferencias. Si aún no tienes claro dónde debes poner el foco, aquí van algunas de las características indispensables: pasión, carisma, autoridad, contenido, reputación, fiabilidad, vocalización, dinamismo...

No te centres exclusivamente en el contenido, apela a las emociones e interacciona con tu audiencia. Si permaneces estático como un escarabajo pinchado en un corcho, tienes muchos puntos para que tu actuación sea catalogada como penosa.

Aún tienes muchos capítulos por delante, iremos dejándote migas de pan para que no te pierdas en tu camino como conferenciante.

Helperconsejo: ¡Huye de la monotonía! Hay ponentes que al minuto dos ya te dan ganas de apagarlos. Sobre todo, no aburras a tu público y evita que tu conferencia se convierta en los sesenta minutos más largos de la historia. Sé genuino, lo que no es tuyo acaba oliendo mal.

Cómo convertirse en un referente: consejos para hacer un *upgrade* y dejar de ser *amateur*

«El talento que no se ve se pierde»,
Neus Arques.

A estas alturas ya tendrás una idea clara de lo que estás haciendo mal o directamente no estás haciendo, has identificado esos indispensables básicos de fondo de armario en los que tienes que invertir. Sobre todo, tienes que profesionalizar tu imagen y dejar de proyectar esa versión de aficionado de «pasaba por aquí». Punto innegociable: gestionar tu vida y tu imagen de un modo impecable.

Damos por hecho que ya tienes tu página web, sin una, eres un sintecho digital, como apuntan Ana y Fran (*Posiciónate tú primero*). No utilices tu página web como una simple tarjeta de visita. ¿Sabías que el noventa y cinco por cien de las páginas carecen de una estrategia de posicionamiento SEO? Si tu web está en el pleistoceno digital, tendrás que recurrir a ayuda profesional para que haga una web navegable, donde quede claro a qué te dedicas y seas fácil de encontrar, te indexe bien y satisfaga los deseos ocultos del algoritmo... Recuerda que no es coste, es inversión.

Atención a la mala praxis, si el administrador de tu web se pasa de listo, Google te penalizará. Cuidado con las trampas habituales como abusar de los links externos. Sí deberás poner el de tu agencia de representación y cualquier otra página colaboradora, pero ojo con excederse o Google pensará que estás recurriendo al *linkbuilding*, es decir, generar enlaces artificiales). Mucha precaución también con recurrir solo a Google Ads; sus campañas son diarias y si se agota el crédito a mediodía, dejarás de ser visible hasta el día siguiente. Apuesta por un buen SEO y estarás visible veinticuatro horas y siete días a la semana. Google Ads es una herramienta útil para tu estrategia, pero no bases tu posicionamiento solo en ello.

Tener un blog dentro de la web siempre es un plus. Además, te ayudará a generar contenido para redes (siempre dándole una vuelta y sin copiar literalmente de un lugar a otro). Escribe con inteligencia y estrategia, siendo original y favoreciendo el posicionamiento con palabras clave. Sé constante y trata de publicar con una rutina. En general, todos los algoritmos son muy cuadriculados para esto y les encantan los patrones. Si detecta que eres constante, dará por hecho que eres un creador de contenido que aporta valor. Trata de que la extensión sea de dos a tres mil palabras. Más adelante dedicaremos un capítulo entero a aprender a enamorar al algoritmo.

Por supuesto, crea contenido único, nutritivo y con aporte, sé positivo, cuida la ortografía y sé prudente y profesional. Además de ser bueno en lo tuyo, tienes que parecerlo.

Dicen que no hay verdades absolutas, pero esta es irrefutable: nadie le presta atención a un ponente en el que no cree. La confianza es la piedra angular de la comunicación; si no eres creíble y confiable, bájate ya del escenario. El público no es tonto (casi nunca); igual que tú, que no entras a un restaurante que no te inspira confianza o no aceptas un consejo de cualquiera, a tu público le ocurre exactamente lo mismo. Gánatelos. Aristóteles te lo lleva avisando desde hace siglos al insistir con el *ethos*.

De entrada, si eres uno de tantos *coaches* que están invadiendo la escena sin la experiencia necesaria, lo vas a tener más difícil que los expertos en un tema en concreto. Estos parten con ventaja porque tienen muchas horas de vuelo y se da por supuesto que saben más que el resto, tienen títulos y cargos muy largos que así lo acreditan. Ese conocimiento se les presupone, como a los soldados el valor.

Busca tu autoridad. ¿Piensas que aún te falta mucho para llegar ahí? Seguramente sí, pero la pregunta es ¿hasta dónde necesitas llegar tú? Sabes más que la mayoría, y con pocas ganas que le eches, serás capaz de dar una conferencia con solvencia. Pero probablemente no seas un experto y, dependiendo del foro donde estés, puedes salir a tomatazos. Mide bien tus actuaciones y, sobre todo, cuidado con las etiquetas que tú mismo te pones.

Anders Ericsson es un psicólogo y profesor sueco de la Universidad de Florida (¿hay algún sueco viviendo en

Suecia?). Se ganó su minuto de gloria con un estudio en el que aseguraba que para considerar a alguien experto este debe llevar a sus espaldas diez mil horas de trabajo o estudio en ese campo en el que está especializado. Calculando unas diez o veinte horas de práctica a la semana, estamos hablando de años para lograrlo. Ahí lo dejamos.

Sigamos con tu puesta a punto para lanzarte al estrellato. ¿Has escuchado alguna vez aquello del «*fake it till you make it*» («fíngelo hasta lograrlo»)? Sabemos que es un consejo controvertido, de acuerdo, pero funciona.

Te recomendamos que conectes con conferenciantes consagrados: asiste a sus conferencias, comenta sus posts, envíales algún mensaje, participa de sus eventos... Déjate ver. Por supuesto, haz lo que el resto de los aspirantes: si logras colarte en uno de tantos eventos (donde solo cobra el cabeza de cartel, ya te lo advertimos) y consigues que tu nombre aparezca en chiquitito en un rincón ilegible..., saca pecho y úsalo a tu favor. Para eso estás invirtiendo tu tiempo.

En realidad, la gente es bastante ingenua en este sentido, si te ven compartiendo cartel con Mario Alonso Puig o Küppers pensarán que debes ser un crack tú también. A (casi) nadie se le ocurre pensar «¿qué hace Mario Alonso con estos?». Así que, ya sabes, si puedes, comparte cartel, escenario u ondas radiofónicas con expertos.

En multitud de ocasiones hemos visto a ponentes «figurantes» rehacer los carteles oficiales; sí, tal cual, recortan a Mario Alonso y hacen un montaje con ellos a la misma altura (cuando probablemente ni salen en la creatividad original). Es algo burdo. Roza los límites de la ética. Funciona. Allá tú y tu moral. A nosotros este tipo de advenedizos trepadores no nos inspiran ninguna confianza.

Si no eres un experto ni has conseguido aún colaborar con ninguno, no te angusties. Cuesta saber a qué puertas llamar y, para eso, la labor de los agentes o representantes es esencial.

Puedes potenciar tu credibilidad citando a los referentes; eso sí, por favor, no hagas tuyas sus reflexiones o frases. Honestidad, ante todo. Además, si te pones a hablar —como si fuera un concepto tuyo— de *personas vitamina*, automáticamente todos vamos a pensar en Marian Rojas y en que tú eres un vendehúmos. No puedes adueñarte de las reflexiones de los expertos, aunque sí apoyar tu mensaje citándolos y aumentar tu credibilidad.

Aprende a comunicar a los tres cerebros. Vale, te acaba de explotar la cabeza... No nos vamos a meter en terreno que no controlamos; tienes infinidad de estudios sobre neurociencia que hablan de ello. Solo te diremos que pongas atención a los datos, historias y autenticidad de tu discurso. Es decir, conecta con tu audiencia a nivel cognitivo, sensorial y reptiliano o instintivo.

Ni que decir tiene que seas amable y colaborador con la organización; facilita todo lo que esté en tu mano, no exijas una bañera con patas llena de leche de burra y alguien abanicándote con plumas de dodo. Sí, es de sentido común, son acciones básicas que influirán de manera positiva, pero algunas veces nos hemos encontrado con ponentes que sacan demasiado a pasear su lado divo-divino. Por favor, no seas uno de ellos.

Ya hemos visto que tener un título universitario o similar te da legitimidad para postularte como un experto en ese campo en cuestión. Eso sí, coherencia: no te servirá de nada tu flamante máster en posicionamiento SEO si impartes una charla sobre nutrición.

Respecto a los deportistas, no hace falta ser el número uno para dar una gran lección. Tenemos el caso de nuestro medallista olímpico Pirri Esgrima, con un bronce triunfal. O nuestro gregario favorito, Luis Pasamontes, que jamás ha ganado una carrera de ciclismo, pero para nosotros está en el podio por la honestidad de su mensaje y lo bien que lo hace. O Pedro García Aguado, cuya plata olímpica en Barcelona 92 tuvo mucha más relevancia que el oro de Atlanta cuatro años después. Como él mismo reconoce: éxito y fracaso son dos grandes impostores.

No puedes gustar a todo el mundo, pero está claro que nuestra empresa es nuestra imagen. La reputación no se refiere a cuánto conocimiento acumulado puedes demostrar, sino a la percepción que los demás tienen de ti: la manera de comunicar, la imagen que proyectas, tus acciones, opiniones o actitudes… Acepta los cumplidos y el aplauso. También las críticas.

Helperconsejo: Ser un experto depende de ti, pero ser un referente y tener buena reputación, no tanto. Da siempre lo mejor de ti y lo mejor llegará.

Practica más. Estudia menos

· ·

> «La práctica hace al maestro»
> (siempre que lo estés ejecutando bien),
> dicho popular.

Ya sabes el dicho, todo maestro empezó siendo alumno. No pierdas ocasión de hablar en público. Cada una de tus intervenciones te hará crecer unos centímetros, ganarás autoconfianza, controlarás mejor los nervios, gestionarás con más soltura los recursos: las pausas, el lenguaje corporal... Con trabajo y constancia dejarás de ser un conferenciante montonero. Lee, asiste a seminarios, aprende oratoria, técnicas actorales, cultívate y estarás más cerca de ser ese experto que ansías ser.

¿Conoces la regla de los dos tercios? Independientemente de la temática que vayas a estudiar, dedica un tercio del tiempo al estudio de la materia y dos tercios a poner en práctica lo aprendido. Te aseguramos que es una regla altamente eficaz que facilitará el aprendizaje y la evolución.

Todos queremos subir al cielo, pero nadie quiere morir. Para hacerlo bien y ser el mejor, tienes que sacrificarte, aunque pocos invierten en prepararse para ello. Revisa las excusas que (te) estás poniendo: «Es que yo no lo necesito, uf...», «Es que no tengo tiempo», «Es que no tengo dinero». Es que, es que, es que..., todos somos muy «esquezofrénicos», pero debes superarlo.

¿Que no lo necesitas, que no tienes tiempo? No seas tan soberbio como para pensar que has alcanzado la excelencia; todos tenemos margen de mejora. Respecto al tiempo, es relativo, quien tiene ganas encuentra un cómo y un cuándo. No pretendas ser un experto sin dar nada a cambio. Ser un conferenciante profesional significará renunciar a ciertas cosas, tanto mientras te preparas para ello como cuando lo hayas logrado. No todas las conferencias van a ser en tu ciudad, eso implica viajes, noches de hotel, soledad... Dedicarás menos tiempo a tu familia, a tu tiempo libre, a ti mismo...

Practicar y practicar y practicar no es recomendable, es obligatorio. Pero asegúrate de estar haciéndolo bien, si no es como entrenar sin medida y provocarte una lesión.

Mejor ponerse en manos de profesionales y formarte con garantías de resultados.

Familiarizarte con el entorno y ensayar en situación «casi real» es muy efectivo para desactivar nervios. Desde luego, mucho mejor que ensayar frente al espejo como recomiendan algunos... ¿Lo has probado? Efectivamente, te sientes ridículo y no es natural.

Procura no perder naturalidad a medida que vas asimilando el discurso. Memoriza el esquema y las ideas principales, no la conferencia íntegra, o resultarás muy artificial. Sé natural, ante todo, y no pierdas la frescura usando frases pomposas. A ser posible, no leas: estás hablando en público, no leyendo en público. Sí se te permite consultar fugazmente tus notas si precisas hacerlo.

Cuando ensayes, presta especial atención a la velocidad a la que hablas. Será habitual que en los primeros repasos hables más acelerado y antinatural de lo normal. Cuidado, los nervios pueden hacer que metas la quinta marcha para acabar pronto. Salvo que seas Küppers o Duró (no, no son de este planeta), mantén un ritmo uniforme entre 120 o 150 palabras por minuto. Grábate y practícalo. Para esas primeras veces, te sugerimos que hables más despacio de lo que harías habitualmente, siendo plenamente consciente de las pausas. ¿Un consejo?, trata de emular a Mario Alonso Puig, el rey de las pausas dramáticas al que es imposible escuchar sin levitar un poco.

Te avisamos, una vez en el escenario te van a sobrar los brazos, las piernas, no sabrás qué hacer con las manos... Ay, las manos, sin duda una de las grandes preocupaciones de los *speakers* novatos. Muéstralas con naturalidad, gesticula como si estuvieras tomando una cerveza con amigos. A ser posible, muestra las palmas hacia arriba, ya que proyecta confianza y transparencia.

Esto era un aperitivo, vas a tener mucha más información útil en capítulos siguientes. ¡No cambies de canal!

Helperconsejo: No aspires a la perfección —es casi imposible—, pero hazlo tan bien que nadie (ni siquiera tú mismo) sabrá cómo lo haces... Pero lo haces.

Posicionamiento imbatible: Autoridad, credibilidad y reputación

> «Se necesitan veinte años para construir una
> reputación y cinco minutos para arruinarla»,
> Warren Buffet.

¿Con quién subirías al Everest, con el que se ha leído un libro gordo sobre montañismo o con el que le falta un dedo amputado por congelación? Nosotros lo tenemos meridianamente claro, es mucho más potente aquel que habla desde la experiencia, en primera persona, y muestra una autoridad imbatible.

Cuando te expones a un auditorio, además de satisfacer tu ego, siempre buscas un retorno: que compren tu libro, que los equipos modifiquen hábitos, que el público reflexione... Para ello, necesitas un ingrediente clave: la credibilidad, uno de los pilares en los que se sustenta la persuasión. ¡Si quieres que respondan, tienes que meterle *ethos*, mucho *ethos*! Sí, Aristóteles *one more time*. Todo dato contrastado que aporte consistencia es un plus. Estadísticas, estudios, gráficos, fuentes..., todo lo que se sustente en ello es más susceptible de ser creído. ¡No más conferencias genéricas —y refritos— sobre liderazgo o motivación!

¿Cómo logramos ser más persuasivos?, inspirando confianza. ¿Cómo se consigue?, hay que ganársela paulatinamente y teniendo una reputación profesional o personal impecable, sin tropiezos. Se basa en hechos, en acciones (buenas acciones, claro está), más que en palabras y promesas etéreas.

Y, por cierto, si quieres proyectar confianza…, ¡primero tienes que sentirla tú! Es imposible impactar positivamente, motivar, ayudar y orientar a los demás si no te sientes capaz de ello o, peor aún, no crees lo que dices.

Helperconsejo: Una reputación positiva tiene mucho que ver con la autenticidad. Sé «impecable en la palabra», que decían los sabios toltecas, evita contradecirte, por supuesto, faltar a la verdad; busca la coherencia en todo lo que hagas. La reputación llegará como resultado natural —y sostenido en el tiempo— de la confianza, el respeto y la influencia que logras generar en los demás.

Un español, un libro. *Coaching* editorial

. . . .

> «Para viajar lejos, no hay mejor nave que un libro»,
> Emily Dickinson.

¿Estás dudando sobre si debes publicar un libro para apuntalar tu carrera de *speaker*? ¿Quieres saber si el esfuerzo marcará la diferencia? Respuesta corta: sí. Tener un libro publicado no es importante, es indispensable. Sin un libro no eres nadie (salvo contadísimas excepciones).

Es el resultado natural de $a + b$: tener algo que contar y querer hacerlo. Te posiciona como experto, obtienes reconocimiento y, por consiguiente, ganas credibilidad. Pero, como todo, con la democratización del sector se está resintiendo la calidad. Es el mismo fenómeno que las manidas charlas TED, con la oferta masiva, se ha adulterado el resultado considerablemente.

Dicho esto, si te preguntas si tienes que publicar para ser conferenciante: sí rotundo. Y si puedes, da la chapa en una charla TED. Tendrás el *pack* completo para tu perfil de conferenciante internacional experto intergaláctico.

La gran mayoría de las personas ajenas al sector son ingenuas y de escaso criterio para determinar qué conferenciante es más falso que un bolso de Chanel de mercadillo. Eso es un peligro, especialmente en el ámbito del desarrollo personal, al que llegan muchos en un estado de vulnerabilidad y desesperación alarmantes. Por favor, ten siempre la voluntad de ayudar con ética y responsabilidad.

Hay libros que son un refugio y han salvado más vidas que la penicilina: Javier Iriondo, Alejandra Vallejo-Nágera, Mario Alonso Puig, Marian Rojas..., todas sus frases son para «guardar como». Un regalo, y verdaderos manuales de «autoayuda» (perdón por el término).

Por cierto, al final del libro vas a encontrar una selección de las obras de algunos de nuestros conferenciantes que te recomendamos encarecidamente. ¿Se pueden subrayar páginas enteras de libros? Sí.

El problema está en los cagalibros o juntaletras que abaratan el discurso y saturan el mercado con su ¿propuesta? ramplona de desarrollo impersonal. Liderazgo, creatividad, gestión del tiempo, *learnability*... Son verdaderos cazatendencias, eso no lo negamos, pero no suelen tener ni una sola idea propia. Se limitan a traducir y fusilar sin ningún reparo artículos y libros extranjeros. Y ahora con la llegada de herramientas de inteligencia artificial, del tipo ChatGPT, preparémonos para el aluvión. Una vez más, avisados quedáis sobre los todólogos.

Y luego están los libros autobiográficos de personajes de televisión o de la sociedad (se percibe que en su mayoría no han escrito ni una línea) y que vienen avalados por una campaña de *marketing* cegadora. Muchos han visto el filón en el mundo de las conferencias, pero el ser famosos o conocidos no les acredita —o no les debería acreditar— para dar lecciones de vida. Bastantes de esos personajes oportunistas han llamado a la puerta de Helpers, pero os aseguramos que no les abrimos sin pasar varios filtros, la mayoría se quedan fuera y se van a agencias de aprobado fácil. Eso va en contra de nuestros principios y nuestros finales.

Todos tenemos un libro dentro, dicen, lástima que alguno no lo deje ahí cogiendo polvo. El número de títulos publicados crece exponencialmente, pero los ingresos no siguen esa tendencia. Dicho esto, si vas a publicar un libro, por favor, calidad. Y si no eres un experto, cita a los que sí lo son sin fagocitar sus ideas. Comparte tus propias reflexiones, tus aprendizajes y tu conocimiento, te lo van a reconocer. Si juegas bien tus cartas, el libro te posicionará como referente y tu número de seguidores se va a ver considerablemente incrementado.

Escribir será un reto personal para ti, encontrar la idea, documentarte, darle forma, publicar, promocionarlo... Todo un apasionante proceso de aprendizaje y transformación personal, te lo aseguramos. Y, por supuesto, vas a refrescar y ampliar conocimientos. Afrontar el desafío de escribir tu propio libro te obligará a formarte más; no solo con otros libros, por supuesto, también a través de artículos, blogs, podcasts... El promedio de lectura es tan pobre, que leerte tres o cuatro libros ya te desmarca de la mayoría.

Eso sí, si estás pensando que vas a convertirte en el nuevo Pérez Reverte, olvídate. Ten meridianamente claro que difícilmente te vas a lucrar con el libro, aunque los beneficios de publicar sean inmensos. Tómate el proceso como una inversión (de tiempo y, a menudo, de dinero) para potenciar tu marca personal. Tanto si decides autopublicarte como si lo haces a través de una editorial, vas a comprobar que es muy difícil pasar de los quinientos ejemplares en un libro primerizo.

¿Has escuchado eso de que muchos compran el libro por la tapa? Nos cuesta creerlo. Lo que sí es cierto es que una gran mayoría lo hace por su autor —y por la popularidad—, no por la calidad. Por supuesto, un título sugerente y una portada acorde siempre son un plus. Ah, e invierte en unas fotografías profesionales (por favor, sin cruzar los brazos y poner gesto intenso).

Por eso, tienes que promocionarlo, regala la lectura de las primeras páginas, ofrece el libro en la conferencia, organiza presentaciones y firma de libros, procura llevar siempre algún ejemplar a mano... Sé proactivo. El libro no se va a promocionar solo.

Helperconsejo: Un (buen) libro marcará un punto de inflexión, te profesionalizará y dará autoridad, te reportará seguidores y te posicionará como experto. Además, te resultará muy práctico poner en orden todas tus ideas, darles visibilidad y dejar constancia de tus conocimientos y aportaciones.

Código de vestimenta

....

> «Viste adecuadamente y el papel se representará solo»,
> Antoine de Saint-Exupéry.

Bien, has practicado tu discurso, te lo sabes, está todo casi controlado..., pero falta superar otra crisis: llega el momento fatal de las dudas existenciales... ¡Dios mío, no tengo nada que ponerme!

Tu forma de vestir también comunica, por eso, lo mejor es vestir tu mejor sonrisa. Tampoco te pongas el complejo de inferioridad: está *demodé*. Vale, ahora nos estás mandando mentalmente a esparragar... Está bien, aquí van unos consejos prácticos y terrenales.

Lo primero, somos muy cotillas y te vamos a escanear de pies a cabeza. Si no eres muy *pro* y no cuentas con un estilista, lo normal es que te preocupe la idea de acertar con la vestimenta. También te decimos que, según nuestra experiencia, cuando se ha metido un estilista por medio (generalmente con presentadores del mundo de la televisión), todo se complica sobremanera, porque se tiene que ganar el sueldo. Consultas sobre colores corporativos, colores de la competencia a evitar, pantones del escenario... Todo un dolor de cabeza adicional a la ya de por sí estresante preparación del evento en cuestión.

Si presentas un encuentro en el que asistirán *youtubers* de quince a veinte años, vestirte de traje está tan fuera de lugar como que aparezcas disfrazado de lagarterana.

Consultar el *dress code* es esencial: debes saber si es una gala, un evento informal, si es de noche, si van a acudir perfiles directivos encorbatados —afortunadamente cada vez más desterrado su uso— o empleados que optan por el *casual*. Así, en función de tu personalidad, acomoda tu vestimenta a la audiencia y al evento en cuestión. Recuerda: es fundamental sentirnos cómodos y seguros. Y que los demás también se sientan igual en tu presencia: los tatuajes talegueros te los tapas, por favor.

Vístete como tu audiencia (con un punto más de formalidad). Es preferible pecar por exceso que por defecto: si crees que los asistentes irán trajeados, y así haces tú pero finalmente visten informales, tu vestimenta no va a desentonar. Si eres hombre, siempre puedes quitarte la corbata o la chaqueta si fuera preciso. Al contrario, si decides ponerte un polo, unos chinos y zapatillas de deporte, y el público va de traje, estarás cometiendo un error de protocolo, y ese *look* informal «día de mudanza» puede impactar negativamente en tu credibilidad. Eso sí, invierte en ropa de calidad, no proyectes pinta de comercial de Tecnocasa mal pagado.

Te puedes permitir algún toque de excentricidad —dentro de los códigos de la atrevida elegancia—, por ejemplo, en los calcetines o con las pulseritas de cuero, que te hacen más cercano y molón. Una pulsera recuerdo de un concierto *indie* ya es nivel dios.

Las mujeres, en general, lo tienen más fácil. Un vestido negro básico de fondo de armario saca de cualquier apuro. Es cierto que en seguida nos envalentonamos, por favor, nada de lentejuelización como si fueras a una boda de pueblo. Elegancia y discreción son la clave. Nada de estrenar tacones el día del evento que te puedan arruinar la jornada. Evita los complementos llamativos y, sobre todo, la bisutería o pañuelos que puedan golpear el micrófono, distraer a la audiencia o provocar destellos bajo las luces. Como sentencia Mies van der Rohe: «Menos es más».

Cuida los detalles; de nada sirve ir correctamente vestido si llevas el pelo como si te hubieran puesto un petardo. Aunque vayas informal, que tu atuendo esté impecable. Hemos visto a algunos ponentes que parece que han dormido con la ropa puesta dos días seguidos.

Ten en cuenta que, si estás en un entorno internacional o directamente en el extranjero, puede haber alguna diferencia cultural. Atento al protocolo, ya que no querrás ofender a nadie. Por cierto, como norma, no te posiciones. Nada de escudos, banderas, insignias, emblemas..., podrías conectar con una parte del público y excluir a otra.

Respecto al maquillaje y al peinado, la simplicidad es una vez más nuestro aliado. No pretendas aleccionar y cambiar vidas si ni siquiera eres capaz de controlar tu flequillo. Nuestro consejo: retira el pelo de la cara.

Si usas gafas, ten en cuenta que queremos verte los ojos. Procura usar cristales antirreflejantes. Lo ideal son gafas de lentes progresivas que te faciliten mirar a tu público, las notas y la pantalla. Aunque sean más una necesidad que un complemento, pueden subrayar tu marca personal. Mira el caso de Marc Vidal. Sus gafas azul piscina son ya un clásico. Además, todo el mundo sabe que los que usan gafas son más listos.

Lo peor que puede pasar durante una conferencia es sentirte incómodo: lana que pica, zapatos que rozan, escotes traicioneros... Evita a toda costa situaciones molestas que te distraigan. Quién sabe, lo mismo te vienes arriba y te da por moverte por el escenario saltando y bailando como si fueras de una comparsa brasileña... Ropa cómoda.

Si eres guay y tienes una imagen de marca creada (que posiblemente entre en conflicto con el *dress code* del evento), sé coherente y defiende tu personalidad hasta donde sea posible. Es el caso de Chema Alonso, el *hacker* ético de Telefónica, que no se separa de su camiseta de Superman ni de su gorrito de lana ni en agosto a cuarenta grados (y quien, paradójicamente, resulta de una frialdad que quema), o Zapata Tenor (José Manuel Zapata) con su frac de tenor y las zapatillas deportivas.

Si nos consultas, valoramos la elegancia sin esfuerzo aparente. Nos gusta que la gente se arregle, es una muestra de respeto hacia uno mismo y hacia los demás. Las estridencias y las ganas de «demostrar personalidad» a menudo rozan el ridículo. A más de un conferenciante le hemos tenido que recomendar que bajara la intensidad unos grados.

Si vas a un foro *startapero* o a una empresa emergente de soluciones informáticas, probablemente su «uniforme» se inspire en el icono de estilo tecnológico: la leyenda Steve Jobs. Consiste en vaqueros, camisa o jersey de cuello vuelto negro y deportivas de marca. Es simple, no distrae y tampoco desentona. Si te presentas con traje, vas a parecer un carnicero en un entierro de pueblo, y lanzarías un mensaje equivocado: no estás familiarizado con el ecosistema laboral. ¡Esto mermará tu capacidad para conectar con la audiencia!

Emular a Steve Jobs y vestir siempre la misma ropa (diferentes prendas del mismo modelo) es bastante espeluznante. ¿Por qué hacía esto? Por la fatiga de decisión, era una cuestión de organización y de comodidad. Sostenía que cuantas menos decisiones tengamos que tomar en nuestro día a día, más productivos seremos. Probablemente, todo respondía a una estudiada campaña de autopromoción. ¿Dónde está la creatividad? ¿La expresividad de nuestro estado de ánimo? Por favor, no te marques un Steve Jobs.

De nuevo, naturalidad y sentido común. Apuesta por ropa de colores neutros con la que te sientas cómodo. Si no estás acostumbrado a llevar corbata, no te la pongas —si no es estrictamente necesario—, porque estarás más tieso que un suricato y más pendiente de las molestias que de la ponencia.

Si la conferencia va a ser grabada o retransmitida por *streaming*, los tonos pastel y los neutros se ven bien en pantalla. Evita las rayas y su temido efecto moaré, que va a dejar a los espectadores en estado hipnótico unas horas.

Helperconsejo: Absolutamente ninguna de las recomendaciones sirve para nada si te vistes como alguien que no eres. ¡No te disfraces! Tu vestimenta afecta directamente a tu autoestima. La mejor prenda que puedes usar es la confianza; el resto, es optativo.

Redes sociales: *copywriting*

> «Lo que ocurre en Las Vegas se queda en Las Vegas. Lo que ocurre en Twitter se queda en Google para siempre», Jure Klepic.

¿Son útiles las redes sociales para darte a conocer y potenciar tu imagen personal? Definitivamente, sí. ¿Usarlas desde el ego siguiendo la estela de banalización y el excesivo culto a lo superficial? No rotundo. Piensa siempre antes de publicar, nunca sabes quién puede estar viéndote. ¡Evita una crisis de reputación difícil de remontar!

¿Te gustan los filtros? Pues antes de publicar algo en internet, pásale tres filtros: «¿Yo mismo lo leería si fuera de otro, aporta valor, me ayudará a potenciar mi marca?». Las redes nos retratan a todos y hay que mostrar nuestra mejor cara; si no vas a salir bien…, abstente. Recuerda que no eres lo que dices, sino lo que haces, pues cuidado con lo que haces.

Lo primero, ten claro que no tienes quince años. Nada de selfis en el baño, ascensor o espejo de tu habitación. Nunca, jamás, por ningún motivo. Por supuesto, de los bailecitos en TikTok ni hablamos. Fuera ego, fuera postureo, fuera posts que no aportan.

Hablando de TikTok, ¿conoces el caso de Diego Antoñanzas? Es uno de nuestros conferenciantes (nuevas tendencias, *marketing, coaching* ejecutivo…). En plena pandemia, en lugar de hornear magdalenas como el resto de los mortales, se dedicó a crear un *alter ego* en la plataforma adolescente por excelencia. Así nació «El profesor TikTok», todo un fenómeno de masas que arrastra a millones de seguidores y con el que Diego deja brillar su lado *superstar* sin interferir en su faceta más seria de *coach*. Simplemente genial.

Te puedes permitir alguna licencia frívola en las *stories* temporales de Instagram (como una foto en el AVE o en el aeropuerto anunciando una conferencia fuera de tu localidad), pero jamás de los jamases en tu perfil permanente. Mejor comparte contenido de tu charla, en acción, un breve *reel* de escasos segundos con reacciones positivas del público (sonriendo, emocionándose o aplaudiendo), una foto potente en el escenario, una frase magistral… A nadie le importa que te hayas pegado un madrugón y que estés en el aeropuerto a las siete de la mañana haciéndote selfis mientras pones morritos. Danos algo de valor: tú o tu producto. Véndete. Pero cuidado, vamos a ser sutiles y no estar en modo «autoventa» todo el tiempo.

Entre tanto postureo en las redes, es bueno volver al concepto esencial del ser (que tan magistralmente trata Mario Alonso Puig), es decir, quién eres tú y lo que ofreces. Si no hay coherencia en las publicaciones, tu propósito se verá mermado, el mensaje se percibirá vago y no resultará efectivo o, peor aún, se volverá en tu contra.

Valora cada publicación; si no estás seguro, mejor abstenerte. Huye de la polémica. Cuidado también a la hora de ser etiquetados por los demás. ¿Optar por un perfil cerrado y mantener tu vida privada alejada del foco? No te lo recomendamos, las redes son un magnífico escaparate si sabes usarlas con inteligencia; creas tu imagen de marca, ocultas y enseñas lo que más te conviene. ¿Puede existir un matrimonio de conveniencia entre la vida personal o profesional? Sí, con reservas. Si no lo ves viable, abstente de publicar aspectos personales.

¿Tener un *community manager* o un *copywriter* creativo? Según nuestra experiencia, los perfiles gestionados por otros generalmente acaban siendo impersonales y sin alma. Un buen *community* ha de ser capaz de mimetizarse con su cliente.

Conectar de forma genuina con tu audiencia es esencial; procura atender tú mismo a tus seguidores. Que sepan que estás ahí, al otro lado, cuidando de ellos. El mensaje es claro: te veo, te escucho y me importas. Sé cercano; si se molestan en dejarte un mensaje, lo mínimo que puedes hacer es responder y darles las gracias. Y procura hacerlo cuanto antes (contentarás a tus seguidores y al algoritmo al mismo tiempo).

Y, hablando de seguidores, has de tener meridianamente clara la diferencia entre seguidores y potenciales clientes. No siempre es lo mismo. Puedes tener una horda de seguidores en Instagram que jamás van a convertirse en clientes, porque solo quieren contenido gratuito y pasar el tiempo. Por experiencia, los *followers* de Instagram no te darán de comer.

Por cierto, si eres hábil, tú serás seguidor de tus seguidores, porque ellos te irán marcando el camino que recorrer, atento a ese punto.

Y por supuesto, es fundamental saber elegir en qué red invertir tu tiempo y energía: Facebook es una reunión de amiguetes a la que vas a divertirte —y a ver cómo les ha tratado la vida a tus compañeros de instituto—, pero donde uno no va a vender. Instagram es postureo máximo repleto de narcisos digitales, pero hay que estar, esa es la dictadura de esta red. Twitter tiene la mecha muy corta y, aunque tiene su aquel, en general ya está en caída libre, aunque hay mucha gente que sigue colgando allí sus importantísimas tonterías. Veremos si resurge o no tras la compra por Elon Musk.

Como dato anecdótico, ni Victor Küppers ni Emilio Duró, los dos grandes, tienen apenas presencia en redes (Emilio asoma muy de vez en cuando por LinkedIn, pero es bastante analógico). Lo de Küppers es un *no* rotundo a las redes. No forma parte de una calculada estrategia, simplemente no tiene tiempo ni ganas. Y tampoco lo necesita; tiene más demanda de la que puede atender, y ya se encargan sus seguidores de compartir frases e imágenes de sus conferencias.

Cada red social tiene sus propias reglas y, sobre todo, su tipo de audiencia. Por eso es tan importante que sepas elegir cuáles son las redes que más te interesan. Olvídate de estar en todas partes, es una inversión de tiempo que no te dará los resultados que esperas. Recuerda siempre: un tiro, un pato. Focalízate donde está tu público objetivo y define tu *buyer* persona: quién es y en qué redes sociales se mueve.

Por cierto, este es un buen momento para recordarte que no sirve de nada compartir el mismo contenido en todas las redes. Ni debes usar el mismo tono ni el formato encaja en todas las plataformas y, por supuesto, al algoritmo no le gusta ver contenido duplicado. Básate en tus publicaciones dándole un toque diferencial cada vez y, siempre, elige temas afines a ti.

Como dato, quédate con que Facebook (como herramienta de venta) se ha encarecido mucho. Ha habido un *boom* y se ha masificado. Y a la masa le han salido grumos. El margen de beneficio ha mermado considerablemente y ya no tiene tanto retorno, aunque dispongas de miles de euros para invertir en publicidad.

Helperconsejo: Si quieres evitar tiros al aire, te recomendamos que uses LinkedIn, la red social profesional por excelencia. Pero úsala bien.

Bienvenido a Instagram, la feria de las vanidades

«En el pasado, eras lo que tenías. Ahora, eres lo que compartes», Godfried Bogaard.

Desde su lanzamiento en el año 2010, ha evolucionado (o involucionado) mucho y, de ser un álbum de fotos digital, Instagram se ha transformado en una ventana a un mundo utópico, idílico e irreal, que pone un filtro a nuestra aburrida vida y donde todos sonreímos, pero no siempre desde el corazón.

Las cifras que arroja Instagram marean: más de veinticinco millones de perfiles en España y más de 1.500 millones en el mundo. Por eso, no es de extrañar que, en 2012, Meta (léase Facebook, que ya estaba empezando a gentrificarse) fagocitase a esta red social.

Si tienes un *e-commerce* (libros, infoproductos, cursos presenciales, *merchandising...*), la opción de vender en esta plataforma está operativa desde 2018. Eso sí, no abandones tu web o recurras solo a Instragram, nunca sabemos qué puede pasar mañana y puedes verte sin tu chiringuito si Zuckerberg decide que nos mudemos al metaverso.

Nosotros no somos muy fans de esta red, aunque reconocemos que nos favorecen algunos de sus filtros. Apostamos desde el inicio por LinkedIn, y ahí está nuestro *expertise*, llevando los perfiles de muchos de nuestros conferenciantes, pero también teníamos meridianamente claro que en Instagram había que estar.

Lo primero que debes hacer es convertir tu perfil personal en uno de empresa, o abrir uno solo y exclusivamente para temas profesionales. No solo proyectas una imagen más consistente, sino que tienes a tu disposición funcionalidades que te permiten medir el rendimiento y ajustar mejor tus estrategias.

Importante: no olvides añadir un enlace a tu página web y los datos de contacto. Linktree es una de las herramientas gratuitas con la que podrás enlazar tu perfil a varias páginas. Utilízala para crear tráfico directo hacia tu blog o página web.

Si quieres hacer marca, los directos de Instagram son perfectos para trabajar el *videomarketing*. Puedes hacer entrevistas, tutoriales, dar consejos... Aprovecha para interactuar en vivo con tus seguidores y, sobre todo, cuida la relación.

Las *stories* son para compartir tu día a día, puedes hacerlo de un modo más creativo y fresco. También puedes usarlas para generar expectación —e interacción— sobre tu última publicación en el *feed*. Recuerda que tienen una esperanza de vida como muchas moscas: veinticuatro horas. Es uno de los pilares fundamentales de Instagram y no debes desaprovecharlo. Hay infinidad de aplicaciones para hacer más resultonas tus publicaciones: StoryArt, Unfold o Storyluxe. Ah, y usa audios en tendencia (hay vida más allá del reguetón, tienes unos maravillosos archivos de música clásica *amateur* que son la banda sonora perfecta).

Los *reels* son la última funcionalidad que ha incorporado Instagram, algo bastante similar a la ya archiconocida TikTok. Te permiten grabar clips breves pero que no desaparecen a las veinticuatro horas, como ocurre con las *stories*. Además, Instagram te agradece que los uses y lo premia con un gran alcance orgánico. Tenlo en cuenta, como también que el uso de los *hashtags* ya está de capa caída. Lo que tienes que hacer a partir de ahora es esconder palabras clave en tu publicación y, sobre todo, no te olvides de añadir las etiquetas de los temas (viajes, educación, negocios...).

No te olvides nunca de que estás en la red más visual por excelencia. Usa todos los formatos que la aplicación te brinda: *hyperlapse, boomerang, collage,* carrusel de imágenes, vídeos (con subtítulos mejor). Hay millones de aplicaciones que te van a aportar ese *upgrade* que tus publicaciones necesitan: Layout, A Beautiful Mess, Phonto, VSCO, Snapseed, Afterlight, Anticrop... Explora, innova y destaca.

Siempre ten presente quién es tu público objetivo, dirige tu mira allí: el tema, el tono que uses, las imágenes..., todo tiene que estar alineado. Piensa en sus necesidades, en sus verdaderas preocupaciones, demuestra interés y empatía, hazles saber que comprendes su problema (y que tienes la solución a ello, resaltando los beneficios de tu producto). Despierta su interés con un buen titular con luces de neón. No olvides incluir una llamada a la acción atractiva que los haga interactuar o, mejor aún, contratar tus servicios.

Helperconsejo: Pon el acento en resaltar los beneficios (honestos) de tu oferta, destaca cómo puedes ayudar y qué es lo que te hace especial frente a los demás. No dudes en sacar pecho palomo.

Enamora al algoritmo antes que a tus seguidores

«En las redes sociales no vendes, enamoras»,
Octavio Regalado.

Tener visibilidad y posicionarte bien no ocurre por arte de magia; bueno, sí, si tienes tan poca ética como para comprar seguidores al peso. Así, sí crecerás, pero es chusco, sin fundamento ni retorno. Los atajos no existen para posicionar tu marca, no te dejes seducir por ellos. ¡No rotundo a este tipo de acciones!

Ya hemos hablado de la importancia de cuidar a tus seguidores, sean ya clientes o no. Pero no hemos comentado el paso previo: enamorar al algoritmo. Es como pedir la mano al padre de la novia, si no le gustas al algoritmo, difícilmente va a cuajar la relación.

¿Cómo ganarnos su favor? El algoritmo es caprichoso y cambiante, pero aquí tienes unos cuantos *tips* para tratar de domesticarlo…, si se deja, claro. ¿Has oído aquello de «cuando teníamos las respuestas nos cambiaron las preguntas»? Pues eso.

Para espanto de los *influencers* obsesivos, y probablemente tú lo hayas apreciado también, los *likes* han mermado y el número de interacciones ha descendido, entre otras razones, porque los visitantes no hacen *scroll* hasta el final de la publicación. Sí, han vuelto a cambiar las reglas del juego. En general, debes publicar contenidos «guardables» en lugar de *likeables* (una vez más, aporta valor).

Intenta escribir un *copy* más breve y con palabras clave que ayuden a posicionarte en tu nicho. Procura fomentar los comentarios, ya no vale con que te escriban una palabra o pongan una carita sonriente para que el algoritmo lo interprete como interacción, deberán tener al menos cuatro palabras.

En Instagram, si tienes posibilidad, haz colaborador a otro para multiplicar la visibilidad en su perfil, también recurre a etiquetar a personas que interactúen. En LinkedIn, comparte el contenido.

El algoritmo quiere que respondas rápido a los comentarios que vas recibiendo en los primeros quince minutos. No publiques y salgas de la aplicación. Quieren atraparte el mayor tiempo posible en sus redes (nunca mejor dicho)… A cambio, nos premia otorgándole mayor visibilidad a nuestra publicación. Se lo mostrará primero a las cuentas que interactúen habitualmente contigo, las afines, los que hacen búsquedas de *hashtags* relacionados… A medida que el post vaya teniendo movimiento, el algoritmo se irá abriendo y mostrándose a mayor número de personas hasta convertirse, si tienes suerte, en viral.

No olvides utilizar un CTA, «llamada a la acción», al final del texto para fomentar la interacción. También puedes incluir algún emoji (no te lo recomendamos en LinkedIn), pero sin abusar.

Twitter fue la pionera en esto de los *hashtags*. Fue tal el furor, que se han replicado en casi todas las demás redes. Pero tienen su código. No abuses de ellos, ya hemos visto que cada vez tienen menor relevancia. Los *hashtags* siempre al final —nunca en el *copy*— y dejando espacio entre el texto y ellos. Ya sabemos que está de moda, pero no los incluyas en el texto, al algoritmo no le gustan. Y, la verdad, a nosotros tampoco. No abuses de ellos en LinkedIn, pon tres o cuatro. En Instagram puedes ser más generoso (hasta treinta), pero te recomendamos usar menos y bien seleccionados. Cuanto más específicos mejor, ya que funcionan como «marcadores de contenido» para indexar tu texto y facilitar el posicionamiento. Por descontado, escríbelos bien.

Algunos expertos recomiendan mayúsculas para hacerlos más legibles, pero el algoritmo suele discriminar el uso de mayúsculas y minúsculas. Ten en cuenta que los usuarios tendemos a escribirlo todo en minúsculas y sin tildes. Nada de símbolos, abreviaturas, espacios y signos de puntuación especiales. Un *hashtag* únicamente puede contener letras y números. Debe ser corto, relevante y visual, por supuesto, relacionado con tu publicación, objetivos o sector. No está de más que le eches un vistazo a los *hashtags* que usan tus competidores y las grandes corporaciones. Crea un *hashtag* que te identifique (el nuestro es *#somoshelpers,* que aparece en todas nuestras publicaciones) y, si participas en un evento, crea un *hashtag* específico para ello.

Respecto al texto, escribe lo más destacable al inicio: una frase corta, impactante y concisa, incluso una pregunta provocadora. Llamará la atención y te leerán. El tiempo de visualización es fundamental y también que bajen hasta el final del texto los usuarios; los abandonos se penalizan. Instagram y LinkedIn únicamente muestran dos líneas de texto y hay que darle a «seguir leyendo» o «ver más» para continuar.

Sé constante. El jardín hay que regarlo todos los días para que no se seque. Si pasa un mes sin publicar nada, el algoritmo te penalizará, y siempre es recomendable publicar siguiendo una regularidad. Obviamente, tienes más probabilidades de éxito publicando en la «hora feliz».

¿Cuál es el *prime time* para publicar en redes sociales? La pregunta del millón. Hay herramientas, como Metricool, con las que lograrás saber cuándo está más activa tu audiencia (válido para Instagram). Si eres constante y publicas con regularidad, lograrás que tus contenidos destaquen. Y si tienes la rutina de publicar en días y horarios fijos, el algoritmo te ayudará. Los mejores días para publicar en LinkedIn siguen siendo martes y miércoles a primera hora de la mañana, entre las siete y media y las once. Respecto a Instagram, las mejores horas son entre las nueve y las once de la noche, seguidas de la hora de comer y primera hora de la mañana, en cualquier día de la semana. Atención con los domingos, porque se están posicionando como un día puntero (sí, incluso en LinkedIn); no «trabajes» solo de lunes a viernes en una jornada laboral estándar.

Ni que decir tiene que todo lo anterior es inútil si tu contenido es un truño. Apuesta siempre por la calidad, es el momento de sacar a escena tu lado más creativo y olvidarte de los gatitos, por muchas «monerías» que hagan. Diles algo que no sepan, pero información nutritiva y relacionada con tu oferta, no que el cerdo tiene orgasmos de treinta minutos.

Si eres muy *pro*, puedes crear una «guía de estilo» para aportar ese plus de profesionalidad y corporativismo a tus publicaciones usando siempre los mismos colores, tipografías... Personalmente no nos gustan las publicaciones hechas con plantilla y que apestan a algoritmo, cuando vemos un *feed* monocolor con las fotografías perfectamente alineadas y estudiadas, nos da repelús y automáticamente pensamos que ese perfil impersonal está gestionado por una agencia o *community* o, directamente, que el dueño del perfil tiene un TOC (Trastorno Obsesivo Compulsivo)

Obviamente, es muy importante tener una marca única y diferenciable, cuidar cada una de tus publicaciones y usar fotos buenas, bien editadas y propias... Pero no seas muy cuadriculado y previsible; aburre. Sorpréndenos.

Interactúa, comenta, mira, lee y dale *like* a las publicaciones de los demás. No lo hagas de un modo mecánico, aprovecha para aportar valor también a través de tus comentarios, incluso en los perfiles de tu competencia: conseguirás llamar la atención —esperamos que para bien— de sus seguidores.

No te olvides de acceder a las estadísticas para conocer el rendimiento de tus publicaciones y analizar las métricas de tu trabajo, saber qué está funcionando y qué no para ajustar la estrategia y afinar el tiro la próxima vez. Es un termómetro muy necesario.

Helpersonsejo: Si tuviéramos que crear un *claim* pegadizo y comercial sería «¡el editar se va a acabar!». Escribe el *copy* en las notas del teléfono (con *hashtags* y emojis incluidos), no seas tímido a la hora de usar espacios entre párrafos. Revisa, copia el texto en el pie de foto y publica. Al algoritmo no le gusta que retoques los textos una vez colgados, lo más normal es que te «eche» del circuito —literalmente— si editas durante la primera hora. Tampoco le gusta que elimines las publicaciones. Ya sabes, una vez más, piensa muy bien qué vas a colgar y cómo para evitar penalizaciones.

¡Usa LinkedIn, por favor, usa LinkedIn!

> «Las redes sociales se tratan más de sociología
> y psicología que de tecnología»,
> Brian Solis.

Por si aún no lo sabes, o te estás haciendo el remolón, LinkedIn es la red social profesional número uno del mundo. Veinte años después de su lanzamiento, ya tiene más de ochocientos ochenta millones de usuarios en todo el mundo y cerca de un cuarenta por cien de personas la usan diariamente.

Hace tiempo que LinkedIn dejó de ser un simple (y tedioso) currículum *on-line*. Es el escaparate perfecto para potenciar tu marca personal. Si aún no tienes perfil o lo tienes inactivo, dale prioridad.

Lo primero que tienes que hacer es trabajar tu perfil: usa una fotografía profesional pero sin estar encorsetado ni te pases de creativo. Afortunadamente, las fotografías con chaqueta y brazos cruzados —en plan soy superimportante— han dado paso a un tono más relajado, los usuarios han empezado a quitarse las corbatas y a bajarse de los tacones para mostrarse más humanos. Y es de agradecer.

El espacio del que dispones para explicar quién eres y qué haces es limitado (mil trescientos caracteres para la biografía), sé conciso e incide en qué puedes aportar. No seas ridículo o pretencioso con el título que cuelgues. Hemos visto de todo, desde catalizadores del cambio a guías espirituales conductistas, y ya si encima lo escribes en inglés...: *lifelong learning*, «*ransformational & spiritual leadership* (tal cual, sin un ápice de ironía), es para cerrarte el perfil y desterrarte al ostracismo por tu cosmopaletismo insufrible.

Tu marca personal eres tú. Asegúrate de que en tu perfil público aparezca tu nombre, el de tu empresa y el área de especialización, y mantenlo actualizado. Personaliza tu URL, siempre es un plus a la hora de enviar el enlace a tu perfil. Usa un título corto, identificable, nada de caracteres extraños, y no olvides incluir palabras clave para favorecer la búsqueda (orador, ponente, *speaker*, conferenciante, *coach*). Ojo con poner un pretencioso «conferenciante internacional», y más ahora cuando internet nos retrata y desnuda a todos. Vale, has colaborado en un webinar con gente conectada desde Latinoamérica..., junto a veinte ponentes más y sin cobrar. Si a ti eso te parece experiencia internacional, enhorabuena por tu optimismo.

En LinkedIn —como en cualquier otra red social—, no se trata solo de estar sino de interactuar con otros perfiles estratégicamente. Crea y comparte contenido relevante sobre tu sector (con un espíritu constructivo y más allá de las tendencias), sin dejar de lado el rol profesional ni el rollo creativo. No olvides «hablar» el lenguaje LinkedIn, por lo que no sirve replicar lo mismo de las otras redes. Eso no quita ser original: añade tu toque personal siempre con sentido común.

En LinkedIn también hay *stars* que se mueven con base en los *likes* a granel; solo publican vídeos virales y posts impersonales en busca del aplauso fácil, donde se ve claramente la mano de un *community* (de los malos, de los que le ponen pocas ganas). Olvídate de eso y enfócate en agregar valor. Lo demás llegará solo.

Genera comunidad y cuida tu red de contactos, incorpora perfiles similares, localiza grupos afines o clientes potenciales *(social selling)*. Da las gracias cuando te acepten con un breve mensaje y jamás te lances en plancha a venderte. Retira las solicitudes de amistad que no te han aceptado en un par de semanas porque te está penalizando.

¿Merece la pena pagar y hacerte un perfil prémium? No, no es necesario si no es tu herramienta de trabajo. Pero sí te aconsejamos aprovechar las ofertas del mes gratis que ofrecen automáticamente. Cuidado, porque te van a hacer incluir una tarjeta de crédito y si no cancelas antes de la fecha tope (no vale con hacerlo el mismo día que expira el periodo de prueba), te van a cargar un año entero de suscripción que no se puede revertir. Por cierto, el Inmail, ese correo exclusivo de LinkedIn que supuestamente es uno de los reclamos, apenas tiene retorno.

Si en Instagram está en auge el término *influencer*, en LinkedIn tenemos el equivalente en la figura de *top voice*; ojo, no todos son referentes, no te dejes engañar. Como siempre, hay demasiado *influencer* para tan poco influido. Lo usamos para casi cualquier persona que logra muchos seguidores, con atajos o sin ellos. No hace falta ser el empresario del año para alcanzar este nivel, a veces, lamentablemente, basta con ser amigo de alguien allí arriba o ser mediático. Deberían pesar más la calidad del contenido, el alcance y las reacciones que se generan, pero así somos.

Hace unos meses, acompañamos a Jordi Alemany a la gala de premios Influencers que otorgaba la revista Forbes. Era la primera vez que se incluía la categoría de *business* (es decir, LinekdIn) y le reconocían como referente, alguien que aporta valor desde su rol profesional. Creemos que el pobre jamás se ha sentido más desubicado entre tanto niñato incapaz de hilar dos frases seguidas fuera de la seguridad de su habitación o estudio y del comodín de la edición.

En LinkedIn, también está la figura del *creator*, como Alejandra Vallejo-Nágera, en teoría el «cargo» sirve para motorizar y destacar los contenidos de algunos perfiles relevantes, pero te proponen temas semanales, y no todos se ajustan a tu temática. Personalmente no lo vemos de utilidad para alguien «que no vive» en LinkedIn y su única intención es sumar valor desde su *expertise*.

Nuestra sugerencia es que dediques —al menos— media hora diaria a crear contenido, interactuar en redes o ver qué se está moviendo. Escribe de lo que sabes con un lenguaje sencillo. ¿No se te da bien escribir? Recurre a un *copywriter* o *community* profesional, (*profesional* es la clave de la frase), seguro que te ayuda a ganar visibilidad y reforzar el posicionamiento SEO y, por supuesto, a generar tráfico hacia tu web (*content marketing*).

¿Podemos mostrar nuestro lado más personal en LinkedIn? Sí, se puede y se debe, siempre relacionado en cierta medida con el mundo laboral (al fin y al cabo, van de la mano, si la persona no está bien tampoco lo está el trabajador). Desde que aconsejamos a Ángel Rielo a estar presente en LinkedIn (perfil que gestiona íntegramente Raquel), hemos marcado una estela seguida ahora por muchos y que es de agradecer. Sus posts a corazón abierto son un regalo cada semana: adopción, abandono, gestión del duelo, las heriditas del alma, vivir el presente, gestionar la soledad… El post sobre el edadismo fulminó todos los récords; ya ha superado el millón de visualizaciones y no para de crecer. «Tengo cincuenta y seis años y, sí, soy demasiado joven para mi edad»…, así empezaba.

Si te gusta compartir en LinkedIn frases de motivación como si fuese Instagram, que sepas que el público ya no les presta tanta atención. Intenta que la mayoría de tu contenido sea original, de calidad y cosecha propia. En ocasiones puntuales, te puedes permitir recurrir a otras fuentes (citándolas), o incluso —con mucha prudencia— recurrir al autobombo. No utilices las redes únicamente para vender como si fueras un vendedor a puerta fría, la gente lo detesta. Aporta valor y mete la cuña para que la puerta no se cierre, pero con sutileza, poco a poco.

Por norma, el contenido breve tiene mucha más aceptación que los de mayor extensión. Procura que el texto no supere los cuatro o cinco párrafos cortos, convenientemente estructurados; un encabezado potente, enfócate en los puntos principales y hasta puedes recurrir a las viñetas o *bullet points* si visualmente te ayuda a organizar el contenido.

Recurre igualmente a las infografías; son fáciles de ver, de comprender y… ¡de compartir! No te amedrentes, es muy sencillo hacerlo a través de Canva y el resultado es muy profesional.

A diferencia de otras redes, los directos en LinkedIn no han tenido ningún recorrido. Tampoco los vídeos logran

captar la atención, pero ahí tiene mucho que ver el algoritmo: no quiere enlaces externos a otras páginas.

¿Crear tu propia *newsletter*? Personalmente creemos que
supone en general mucho esfuerzo y ya satura. No que-
mes a tus contactos con un *e-mail* semanal o quincenal.

Si das a «compartir» en una publicación, pero no agre-
gas ni dos palabras al publicarla en tu perfil, no estás
aportando demasiado valor. Y tampoco es que tenga mucho rendimiento orgánico ni para tu publicación ni para la original. El algoritmo la va a mostrar mucho más
si añades algunas líneas. Ya sabemos que no tienes tiempo, que eres una persona muy ocupada, pero es preferible que cuides tus publicaciones y las reflexiones a colgar
cualquier cosa sin el menor impacto.

Helperconsejo: Lo normal es acercarse a esta red porque estás buscando un cambio de trabajo o te has quedado sin
él. Es decir, estás haciendo un *reskilling* («rediseño, reinvención?») o *upskilling* con vistas a la mejora profesional, como
dirían los guays. Si quieres postureo, vete a Instagram.

Marca personal *on* y *off-line*
. . . .

«Tu marca es lo que la gente dice de ti cuando no estás presente»,
Jeff Bezos.

Ya lo dijo Victor Küppers: «Nadie te va a recordar por tu
currículum, sino por tu forma de ser», o, lo que es lo mismo, por tu persona. El producto eres tú, eres una marca,
de ti depende que seas una ramplona marca blanca sin
personalidad o que te posiciones como referente.

Tu objetivo es que tu imagen *on-line* sea un reflejo de cómo eres en el mundo *off-line*, o mejor aún, cómo te perciben los demás. En las redes sociales hay que ser y también parecer, como la mujer del César. Es la suma de nuestros valores y de cómo somos valorados por el entorno. Integridad.

Marca personal es todo lo que somos, hacemos, decimos y compartimos (y casi, también lo que pensamos o piensan de nosotros), además del valor que somos capaces de aportar a los demás. Compórtate con coherencia —y consistencia— tanto dentro como fuera de internet, manteniendo una imagen impecable en todos los sentidos. Un mal paso puede arruinar una carrera exitosa, ni que decir tiene lo que puede llegar a hacer con una carrera *regulera*... Tu marca tiene que ser sólida, creíble y, por tanto, confiable. No subestimes jamás a tu comunidad.

Como en la «vida real», es importante esforzarse para causar esa buena primera impresión con tu imagen digital. Cuenta tu historia, tus valores y motivación, la evolución que has experimentado..., estamos ante la audiencia perfecta para ello y deja una huella digital única a tu paso. Sé tú mismo, los demás papeles ya están cogidos. Lo sabemos, es difícil distinguirse y encontrar tu hueco, pero podrás hacerlo. Ten paciencia. La paciencia todo lo alcanza (que decía santa Teresa de Jesús). Paciencia y constancia, no vas a lograr tener una gran audiencia (fiel y entregada) de un día para otro, esto es una carrera de fondo.

¿Tienes algún testimonio de un cliente satisfecho? ¡Utiliza la prueba social! Compártelo en tu web, en el dosier... Usa esa buena experiencia y explica cómo les has ayudado. La prueba social es poderosa porque genera confianza, y la confianza vende.

Por supuesto, te recomendamos hacer *networking* tanto *on-line* como por los medios tradicionales. Eso sí, procura desvirtualizar a tus seguidores o clientes potenciales *on-line* al mundo *off-line* y viceversa. Que no se pierda jamás esa parte, somos animales sociales. No seamos unos ermitaños digitales, ya no. Aquello, afortunadamente, quedó atrás.

Helperconsejo: Por descontado, cuanto mejor sea tu marca personal, tendrás que vender menos y te comprarán mucho más. Eso sí, hay que trabajar mucho para acogerse a la ley del mínimo esfuerzo.

Haters: no alimentes al trol

> «El clavo que sobresale recibe el martillazo»,
> dicho popular.

Aviso para navegantes: en el momento en el que sobresalgas un poco, vas a tener una horda de *haters* esperado para darte la bienvenida a portagayola. Darwin se equivocó, algunos no provienen del mono, van hacia él.

La talla única es difícil de conseguir, no se puede gustar a todos, pero el fenómeno de los «odiadores» trasciende a una cuestión de gustos y preferencias. Dentro de nuestra comunidad en las redes sociales, siempre va a haber un cupo de raza bajuna. No te amargues cuando hagan acto de presencia estos personajillos, solo buscan llamar la atención y que sobrerreacciones. No lo hagas (los enciende aún más que no entres al trapo), seguramente tendrías varios *likes* adicionales a una publicación habitual, un chute de dopamina considerable y..., ya. Vas a tener, exactamente, la misma repercusión profesional de ayer. Además, por mucho que quieras disimular, seguro que tu respuesta tiene un «tonito» que no solo lo detectará el destinatario, sino todos los que lean tu comentario. Por tanto, no hagas olas y déjalo ir.

Dentro del perfil de *hater*, hay muchos especímenes: el opinólogo, el ofendidito, los porculeadores, elególatra... Lo único que hacen es parasitar el alcance ajeno, no suelen aportar nada constructivo, ni tener éxitos significativos en las redes y, posiblemente, tampoco en sus vidas. Gente que aprieta mucho los puñitos y cuya misión en la vida es descalificar, desprestigiar y atacar a los demás, envalentonados y parapetados tras perfiles anónimos.

Salvo borrar o denunciar el comentario, no reacciones. Por muy conciliador y respetuoso que te muestres: es como intentar apagar un fuego con gasolina. Te duele, pero sigues.

Lo sabemos, no es fácil dejarlo estar. Pero, de verdad, no les concedas tanto poder para hacerte daño. ¿Por qué si tienes diez comentarios favorables te quedas con el que ataca? No deberías darle tanto protagonismo. Fuera la chatarra mental.

Si publicas en LinekdIn, verás que el tipo de *hater* más habitual es el opinólogo al por mayor y los porculeadores. Son resentidos incapaces de sobresalir, con lo que se dedican a parasitar y autopromocionarse en publicaciones ajenas, destilando su envidia en comentarios extensísimos y llegando a incluir —de un modo burdo y oportunista— el *link* a su web. Buscan rebatir, sacan punta a una bola, gente que dice tener tu misma profesión pero con un alcance ínfimo. Dicen que la envidia es tomarse el veneno esperando que muera otro. Brillante.

En LinkedIn también asoma a menudo el ego y la soberbia de quienes se creen superiores, jamás aceptan que otro pueda pensar diferente. Ególatras prepotentes, sarcásticos que se apoyan en la ironía para intentar destrozar tu post. Alguno, al menos, tiene la deferencia de escribirte por privado, pero atacando y dando lecciones. Al ego le encanta tener razón y fanfarronear. Si no estás de acuerdo con alguien, razona y argumenta tu respuesta de un modo calmado. Responde de una forma educada y correcta sin perder la compostura.

Aunque no lo hayas contemplado, otro tipo de *hater* es el que copia contenido ajeno y lo comparte como si fuese propio, por supuesto, sin citar la fuente. Parece que de la envidia a la admiración solo hay un (mal) paso. Más de una vez hemos denunciado en LinkedIn este comportamiento. Si te responden, será varios días después y el daño ya está hecho. En general, LinkedIn suele ser muy diplomático y esperar a que las aguas vuelvan a su cauce para no tener que interceder. Muy flagrante tiene que ser el comentario (odio, ataques directos, faltas de respeto, amenazas) para que actúe. Te aconsejamos que bloquees tú directamente a ese contacto y no pierdas más el tiempo.

No respondas a sus comentarios: los pone rojos de rabia. Si respondes, hazlo con un educado: «Muchas gracias por tu opinión, es muy valiosa para mí». Esto los pondrá peor. Si ya es ofensivo puedes escribir algo elegante en línea: «Jamás borro un comentario, pero espero que lo hagas tú».

Por supuesto, sé coherente y no seas tú uno de ellos. Antes de hacer una crítica destructiva, valora el esfuerzo de la persona que está compartiendo contenido y muestra apertura de mente y humildad para enriquecerte con opiniones que distan de la tuya.

Otra mala praxis, que es casi peor que ser un hater, es hacer spam al enviar invitaciones automáticas a conectar «para explorar oportunidades en común». Generalmente enlazando LinkedIn con automatizaciones de correo, herramientas como MailChimp, GetResponse, Sendingblue, Hubspot, ActiveCampaing, Acumbamail y otras muchas más... Cuidado si las estás usando, tu cuenta puede ser bloqueada si varios usuarios te denuncian como spam.

Helperconsejo: No permitas jamás que las críticas te anulen, ¡háblate con cariño y respeto! Especialmente, no des pábulo a las que responden al esquema «eres XXX y XXX» o las generalistas, «tú siempre dices *x*» o «tú nunca haces *x*»... Analiza de quién procede la crítica para darle autoridad a ese argumento. Ya sabes lo que dicen, «nunca aceptes una crítica de alguien de quien no aprobarías un consejo».

CONSTRUIR UNA CONFERENCIA DE IMPACTO

«El secreto de un buen discurso es tener un buen comienzo y un buen final, y luego tratar de que ambos estén lo más cerca posible», George Burns.

Los discursos no son como las matemáticas, donde 2 + 2 = 4. Algunas veces el resultado es 22 y otras –2. No hay una fórmula mágica pero sí recomendaciones muy útiles para poder impactar con tu ponencia. Vamos a dibujar el boceto y ya irás uniendo los puntos para darle forma.

Si miramos por el retrovisor, tenemos que resaltar la labor del romano Cicerón (106-43 a. C.), quien, inspirándose en la obra aristotélica *De oratoria*, estableció una serie de pasos a la hora de plantear un discurso. Sí, realmente no ha habido mucha inversión en I + D en el campo de la oratoria... Verás lo poco que ha evolucionado el enfoque, estos son los pasos:

1. *Inventio*: piensa qué quieres decir.
2. *Dispositio*: organiza lo que quieres decir.
3. *Elocutio*: decide cómo decirlo.
4. *Memoria*: estúdiatelo.
5. *Actio*: puesta en escena (gesticulación, entonación, silencios).

Estos son los básicos, pero si quieres bordarlo, súmale un *exordium* (una introducción potente capaz de captar la atención del público) y un *peroratio* (conclusión a modo de resumen). ¡Pues ya estaría!

Antes de comenzar a escribir ideas como un loco o salir al escenario y soltar información genérica sin aportar ningún valor real, hazte unas preguntas básicas: ¿qué, para qué, cómo, dónde, para quién, cuándo, cuánto...?

Tienes que encontrar el equilibrio entre el contenido, los recursos y la puesta en escena. Una conferencia se basa en el ejercicio de prueba y error: vete testando qué funciona y realiza los ajustes oportunos. Obviamente, procura dar más veces en la diana.

Si empiezas arriba, con un golpe de efecto y ganando la atención del público, ya habrás ganado parte de la batalla. Por el contrario, si eliges dejarte la artillería pesada para el final, el pesado serás tú y habrás perdido a la audiencia por el camino. Ah, y no olvides que el humor es un fantástico recurso.

Hay mil detalles que pueden marcar la diferencia. Ten en cuenta que las palabras también tienen energía. Es fundamental que determines el tono de tu charla, usa las palabras más emotivas para reforzar tu mensaje.

Dosifícate. Prioriza eligiendo solo dos o tres puntos clave y no naufragues siendo demasiado ambicioso con el contenido. En este caso, dejarles con las ganas es bueno.

Ten presente que los tres puntos más importantes de una conferencia son quién la imparte, cómo lo hace y lo que se dice. Bien, pues de todas, la última es la que menos importa con diferencia. ¿Verdad que te quedas de pasta de boniato? No es lo que dices, sino cómo lo dices (tanto tú como tu cuerpo con el mensaje «no verbal» que lanza). Y luego está lo que la gente entienda... ¡Vamos a entrar en harina!

Qué

Elección del tema. Nunca hables de algo que no conozcas, es más, procura que además te apasione, porque no hay nada peor que hablar en público sin habitar las palabras. Honestidad, por favor, el que seas un referente en motivación no te acredita para hablar de sostenibilidad.

Estructura bien el tema y aporta ideas nuevas o, al menos, abórdalo desde otro prisma novedoso. Por supuesto, datos contrastados y veraces. Selecciona los puntos esenciales. Si quieren saber más, pueden contratarte para un taller, una nueva sesión o comprar tu libro. *Capisci?*

Para qué

Informar, motivar, influir, entretener o vender tus servicios son algunos de tus objetivos. Aviso para principiantes: alimentar tu ego no debería estar entre ellos. Márcate los objetivos que cubrir, ten en cuenta que, si tú no sabes lo que quieres conseguir con tu presentación, tu público tampoco lo sabrá.

Cómo

La mejor sugerencia a la hora de escribir tu conferencia es «escribe como si estuvieses hablando». Emoción, lenguaje sencillo, confianza, entretenimiento, discurso práctico y un largo etcétera (quizás, demasiado largo) son algunos de los *must have* de tu lista de deseos. Incluye los materiales que vas a utilizar (presentación, rotafolios y cualquier puesta en escena que enriquezca la actuación...). Si usas PowerPoint, Keynote, Prezi o similar, asegúrate de no estar cayendo en los errores de habituales y que tu presentación no resulte nada presentable... Más adelante ampliamos la información. No te recomendamos que contrates a un experto que te haga una presentación profesional y te incruste los vídeos..., salvo que seas capaz de actualizarla y ser ágil para tenerla editada.

Cuenta con que vas a tener algunos abortos creativos antes de darlo por válido, tómate tu tiempo, rehaz, es algo vivo, una versión beta constante. No existe el trabajo inútil, todo ese proceso de depuración te está haciendo un conferenciante más solvente.

Ponle un título a tu conferencia, tiene que ser como un gran titular que llame poderosamente la atención.

Todo discurso debe seguir un orden, lo más habitual es hacerlo cronológicamente de atrás hacia delante, aunque es un golpe de efecto hacerlo al revés. Ya sabes, diferénciate y triunfarás.

Dónde

Conocer el campo de batalla en el que se llevará a cabo el evento es fundamental: saber si puedes interactuar con el auditorio, si vas a tener que permanecer sentado o parapetarte tras un atril..., no es lo mismo a que se lleve a cabo en un salón de actos para doscientas personas o que se haga en un aula de formación para diez.

Eso sí, tendrás que acostumbrarte a hablar tanto para grupos pequeños como para grandes auditorios, locales apijotados o salones de actos que han vivido mejores tiempos. Tu poder de adaptación ha de ser extraordinario. La vida del artista es así.

Para quién

Preparar una conferencia sin el público en mente es un error. Conocer a tu público es fundamental, saber la edad, conocimiento del tema, nivel de motivación… Ten meridianamente claro que si las personas que te escuchan están ahí por obligación y no por voluntad propia, te costará muchísimo más conectar con ellos. Podrás adaptar el tipo de lenguaje, la profundidad a la que vas a sumergirte en los conceptos, decidir si procede el uso del humor y otros recursos…

No te dejes intimidar por el CODIR (Comité de Dirección). La mayoría de los ponentes menos curtidos se sienten abrumados si tienen que hablar frente a alta dirección y tienen la sensación de caminar por un campo de minas durante una hora. Error; son como tú y como nosotros, quieren que los entretengas y los hagas reflexionar. Piensa en ellos como una panda de niños con corbata y diviértete tú también.

Cuándo

Hay seminarios y convenciones que duran todo el día (¡incluso dos y tres!). Si tienes la mala suerte de «actuar» después de la comida, se te van a dormir. A primera hora de la mañana, si la noche anterior hubo fiesta, se te van a dormir igual. Peligroso es también dar la charla mientras se come o cena porque no te van a prestar la menor atención. No está en tu mano, lo sabemos, pero evítalo en la medida de lo posible. También resulta complicado tras una conferencia de un megacrack o una dinámica divertida pretender llevar a la gente de vuelta a sus asientos. ¿La mejor energía?, antes de la comida o por la noche. Con las ganas de comer o con el ambiente festivo, estarán hipermotivados. Tú serás el colofón antes de su diversión.

Cuánto

«Si hubiera tenido más tiempo, habría escrito una carta más corta», dijo Blaise Pascal. Sinceramente, no sabemos quién es, pero (aunque contraintuitivo) es absolutamente cierto. Sin ningún género de dudas, consume más tiempo preparar una intervención breve que una ponencia larga. Cuando disponemos de poco tiempo, cada palabra es importante. El trabajo de edición obliga a elegir lo esencial. Intenta al menos disponer de una hora entre exposición y turno de preguntas.

Helperconsejo: Al público le encanta las «frases para enmarcar» que puedan recordar y compartir en sus redes sociales. Haz la prueba, lanza una de ellas y los verás libretita en mano tomando nota.

Un poco de historia sobre la oratoria: *ethos, pathos, logos* y *kairós* de Aristóteles

«Pobre del discípulo que no deja atrás a su maestro»,
Aristóteles.

La oratoria tuvo su origen en Grecia, nació como una potente herramienta con fines políticos y como vehículo para medrar en la sociedad. Córax de Siracusa (al que hay que aplaudir hasta con los pies) fue el padre de la oratoria, pero, como tantos pioneros, fue orillado por la historia. Redactó una *tekhne* (traducido como un «saber práctico»), considerado como el primer tratado sobre oratoria propiamente dicho.

A título anecdótico, hay que decir que el hombre logró con su manual para *dummies* que sus vecinos se defendieran y recuperasen sus bienes, expoliados tras el régimen tiránico. Como no era posible demostrar la veracidad de las demandas frente a los tribunales, la piedra angular del discurso fue «más vale lo que parece verdad que lo que lo es. La verdad que no es creíble difícilmente es aceptada». Y no tenemos nada más que añadir, señoría.

El primer libro sobre «cómo ser un *speaker* de éxito» lo escribió Aristóteles hace, nada menos, que 2300 años. Lo tituló *Retórica* y hoy sigue siendo uno de los tutoriales fundamentales para hablar en público.

Enumeraba los tres ingredientes básicos para crear un buen contenido: *ethos, pathos y logos*. Es decir, los datos, la emoción y la credibilidad. Nosotros le añadiremos algún condimento más, para tener los cuatro puntos cardinales de la oratoria.

Ethos se refiere a la credibilidad como orador o divulgador. ¿Por qué tu audiencia debería creer lo que dices? Si no te perciben como alguien confiable, poco importa lo bien estructurados que tengas tus argumentos o tu lenguaje florido, ya que será muy difícil que consigas despertar su interés y mucho menos convencerlos. ¿Cómo te sentaría que Urdangarin te diese un curso sobre prácticas éticas en los negocios?

El término *ethos* está relacionado directamente con palabra *ethikos*, es decir, «moral»; esa honestidad que va a garantizar la credibilidad de tu marca personal, certificando la calidad de tus servicios.

¿Primer paso para conseguir credibilidad?, tu reputación. ¿Segundo paso?, autoridad. Es decir, ser un referente…, aunque en la práctica, no siempre es necesario. Una forma de conseguirlo es citando a fuentes fiables y reconocidas para apoyar tus afirmaciones, como es el caso de Victor Küppers. Él explica claramente que es un transmisor, que no es ningún experto y que se sirve de los estudios de otros. Y es, sin duda, el conferenciante más demandado desde hace años. Para nosotros, *Experto* con mayúsculas en psicología positiva.

Puede que seas un gran experto en el tema del que hablas, que tengas varios másteres internacionales difíciles de pronunciar o algún trofeo que legitime tus logros, pero tu coherencia como orador no está garantizada. ¿Imaginas a un *speaker* que no deje de tropezarse con las palabras, que se quede en blanco y se mueva con espasmos por el escenario? Pues eso.

¿Alguna vez se te ha puesto la piel de gallina escuchando a un conferenciante? Disparar al corazón es uno de los recursos más potentes que tiene un *speaker*. Y de los más difíciles de dominar: hay que tener buena puntería. *Pathos* está asociado con la emoción, la pasión y esa conexión mágica con tu público. Si quieres impactarlos, haz que saquen los pañuelos. Cuando el conferenciante se abre y habla a corazón abierto (a través de anécdotas o vivencias que le humanicen), la respuesta del público siempre es de rendición y entrega total.

Por ejemplo, en congresos de emprendimiento, la gran mayoría de oradores, en lugar de focalizarse en los logros conseguidos, ponen el acento en los fracasos o en las dificultades, como que fueron malos estudiantes, abandonaron la universidad o no consiguieron inversores que creyeran en su proyecto. Este es un enfoque mucho más auténtico, los humaniza y los engrandece como personas y como empresarios.

Trata de incluir alguna metáfora y figuras retóricas en general para embellecer tu presentación, llegan fácilmente, son muy resultonas y es una estrategia eficaz para lograr el ansiado *pathos*. Ya hablaremos más delante de la magia del *storytelling*.

¿Invertirías en un negocio sin haber visto los números o el plan de empresa? Claro que no, de ahí la importancia del *logos*. Significa «palabra, discurso o razón» y apela a la mente lógica y analítica de tu público. Dales datos contrastados, fuentes, estadísticas que demuestren una tendencia, que aborden el tema desde un prisma científico… Automáticamente, la parte izquierda del cerebro se activará y dirá «me lo creo». Obviamente, no tiene cabida en todos los formatos o temáticas.

¡Cuidado con el endiosamiento de los datos! No sobrecargues a partir de ahora tu presentación con veinte mil datos, diez gráficos, ni abuses de los números (especialmente si son difíciles de explicar). Si vas a transmitir ideas abstractas o complejas, apóyate en metáforas y comparaciones para hacerlas más digeribles. Es preferible que distribuyas material adicional si fuera preciso, eso sí, avisa de antemano para que te presten atención y no estén copiando. Mejor repártelo al final si es posible.

Aunque el *logos* era la técnica argumentativa preferida por Aristóteles, en la práctica sabemos que el *pathos* y el *ethos* son mucho más potentes a nivel de persuasión. No lo olvides: los datos están bien, pero las historias están aún mejor. El ejemplo lo tenemos con las *fake news*, que nos tragamos dobladas —dada su carga emocional— aunque carezcan de toda lógica muchas veces.

Para concluir, una cuarta pata de la oratoria de la que casi todos se olvidan: el concepto de *kairós*. En la antigua Grecia se referían al tiempo de dos maneras: *cronos*, tiempo secuencial tal y como lo conocemos nosotros; y *kairós*, esa coyuntura perfecta, el instante crucial, fugaz y oportuno en el que algo trascendente y determinante sucede. ¿Cómo aplicar este concepto a tu conferencia? Hazte la pregunta de control: ¿procede tratar este tema en este momento en concreto? A menudo vemos conferencias o conferenciantes que más que oportunos resultan oportunistas. Evítalo.

Helperconsejo: sé más persona y menos personaje. Busca la manera de contar las cosas desde el corazón y la humildad.

Discursos y conferencias que hicieron historia

«Lo importante no es lo que dices, sino lo que la gente entienda»,
Fran Luntz.

Agitar conciencias, convertir al pueblo en un arma e insuflar arrojo para ganar guerras, inspirar a los líderes del mañana... La historia (¡y las pelis!) está llena de grandes discursos con un denominador común: el carisma indiscutible de sus artífices y un arrollador poder de convicción. La oratoria ha sido, es y será una poderosa herramienta para persuadir, convencer, influir, someter, adoctrinar, manipular...; las palabras pueden ser un arma de destrucción o de construcción masiva.

Sócrates. Era tal su absoluto convencimiento del poder de la oratoria que no nos dejó ningún escrito. La tarea de transcribirlos se debe a su alumno aventajado, Platón. Sabemos que Sócrates pasó gran parte de su vida adulta en los mercados y ágoras atenienses, debatiendo con todo aquel que quisiera escucharle, a quienes respondía mediante preguntas. No sabemos si tenía antecedentes gallegos, pero sí que fue uno de los grandes *influencers* de su época. Su método se denominó *mayéutica*, es decir, «dar a luz», y parece que pesó mucho la profesión de su madre, partera.

De todos sus discursos, la *Apología* ha sido el de mayor calado por el contexto en el que fue pronunciado, allá por el año 339 a. C. Se le acusó de despreciar a los dioses y corromper a la juventud, él se defendió frente al tribunal ateniense con la sentencia «de las muchas mentiras que han urdido, una me causó especial extrañeza, aquella en la que decían que teníais que estar precavidos de ser engañados por mí porque, dicen ellos, soy hábil para hablar».

Sócrates fue condenado, seguramente ya lo estaba antes del juicio, pero él tuvo la última palabra: «Adiós». Rechazó una reducción de condena y decidió quitarse la vida ingiriendo cicuta. Genio y figura...

Abraham Lincoln es, sin duda, el artífice de la arenga patriótica más famosa (con permiso de Mel Gibson o William Wallace gritando «¡libertad!», en una de las escenas icónicas del cine en *Braveheart*). Aquel 19 de noviembre de 1863 en Gettysburg, Lincoln era el telonero, un orador secundario, pero su discurso pasó a los anales de la historia. «Que estos muertos no hayan dado su vida en vano. Que esta nación, Dios mediante, tenga un nuevo nacimiento de libertad. Y que el gobierno del pueblo, por el pueblo y para el pueblo no desaparezca de la tierra».

Se inauguraba un mausoleo conmemorativo de una de las batallas más feroces y sangrientas de la guerra de Secesión, la batalla de Gettysburg, en la que murieron miles de soldados de ambos bandos. El discurso principal (más de dos horas de chapa) corría a cargo de uno de los oradores más mediáticos, Edward Everett. A continuación, se le pidió a Abraham Lincoln que añadiera el chimpún final. Fueron tan solo dos minutos, pero olían a taquillazo.

Winston Churchill ha tenido muchos momentos estelares, pero sus históricas palabras al tomar posesión del gobierno británico resultaron brillantes. Apeló con su discurso a valores y sentimientos universales —igualdad, memoria, lucha, libertad— que lograron conectar con la audiencia magistralmente, en especial, aquella mítica frase: «No tengo nada que ofrecer salvo sangre, esfuerzo, lágrimas y sudor», que ha quedado registrada en el imaginario popular como «sangre, sudor y lágrimas». Tuvieron un extraordinario calado en el pueblo británico, renovando los ánimos de un desgastado ejército aliado contra la Alemania nazi.

O aquel mítico «no preguntes lo que tu país puede hacer por ti...», de Kennedy, el día de su investidura, protagonizando otro de los míticos discursos del siglo XX. Como dato curioso, sus catorce minutos de duración lo posicionan como el discurso más corto de la historia de Estados Unidos. Escasos minutos que supusieron meses de gestación.

Y no podía faltar el marketiniano «*I have a dream*», de Martin Luther King, paradigma de la lucha pacífica en pro de la igualdad de negros y blancos. La frase ya la había estado testando en algún foro anterior y sus asesores le recomendaron encarecidamente que no volviera a usarla. Afortunadamente no hizo caso, Luther King era consciente de que sus dieciséis minutos de discurso podían cambiar el mundo.

Y en esa misma línea, el «yes, we can» del carismático y sobreactuado Obama o el patrio «no pasarán» de la Pasionaria, verdaderos eslóganes políticos.

Lo del halo de divinidad que rodea a Steve Jobs habría que analizarlo con calma. Su inspirador discurso de hermano mayor —ante los alumnos recién licenciados de Stanford— ocupa el primer puesto en el *ranking* de los mejores de la historia. «Deben confiar en algo, en sus agallas, en el destino, en la vida, en el karma, en lo que sea». En realidad, el bueno de Steve se pasa todo el discurso leyendo... Pero ya que es el discurso más famoso que circula por internet, más de veintitrés millones de visitas en YouTube..., vamos a analizarlo un poco.

Si hay algo indiscutible de la personalidad icónica de Steve Jobs, es que era un obsesivo perfeccionista. Sus biógrafos dicen que por cada minuto de sus presentaciones había detrás cuatro horas de trabajo. Aun siendo de letras, no es difícil hacer los cálculos.

Dicho esto, su charla es realmente brillante, emotiva, plagada de trucos efectistas y efectivos como esas frases que son todas para «guardar como» (¿quién no ha escuchado aquel: «No pierdas tu tiempo viviendo la vida de los demás»?). Sorprenden sus palabras, a corazón abierto, hablando de sus fracasos, del cáncer que le devoraba, de sus rotitos del alma debido al rechazo que sintió de sus padres adoptivos. Esa valentía de abrirse en canal cimienta su credibilidad y le facilita la conexión (emocional) con su audiencia. Por eso sorprende tanto —al menos, a nosotros nos llama mucho la atención— que lea íntegramente el discurso, lo que impide el contacto visual, resta naturalidad y, además, se parapeta tras un atril.

Otra herramienta que usa magistralmente es el humor («Esto es lo más cerca que he estado de graduarme» o «¿Cómo pueden echarte de una compañía que tú creaste?»). Otro as que se saca de la manga es el principio de semejanza (está demostrado que tendemos a otorgar más credibilidad a las personas más afines y parecidas a nosotros): «Eran los setenta y yo tenía vuestra edad», disociando su imagen de emprendedor exitoso con la época en la que solo era un estudiante más.

Es imposible cerrar este capítulo sin nombrar a uno nuestros conferenciantes, Jesús Vidal, triunfador absoluto de una de las noches más memorables del cine español, la gala de los premios Goya de 2019. El reconocimiento como mejor actor revelación (por su interpretación en *Campeones*, de Javier Fesser) no fue ninguna sorpresa, tocaba. La película lanza un mensaje amable y calibrado de inclusión, y Jesús, que tiene una discapacidad visual, se convirtió en la sensación de la noche no solo por el premio —que ya es bastante—, sino por el emotivo agradecimiento final, que fue directo al corazón de todos los espectadores. «Ustedes no saben lo que han hecho», dijo visiblemente emocionado. Aquellos cinco minutos escasos de discurso, pronunciado con solvencia, le cambiaron la vida.

Helperconsejo: Analiza los discursos brillantes de los grandes oradores que epataron a millones de personas con el poder de su palabra. Si quieres hacer historia, estudia la historia de los discursos. Suena bien, ¿verdad?

La importancia del *storytelling*

> «Los cuentos sirven para dormir a los niños y despertar a los adultos»,
> Jorge Bucay.

Dicen que el mundo está hecho de historias, no de átomos, ¿quién no siente emoción al escuchar «érase una vez...»? Da igual la edad que tengas, nos encanta que nos reúnan alrededor del fuego y nos cuenten historias que nos hagan soñar.

Contamos historias desde el principio de los tiempos, pero es ahora cuando se le ha puesto un nombre más molón: el *storytelling*. *Story* es la historia en sí (con su inicio, nudo y desenlace con moraleja final) y *telling*, la forma en la que la comunicas.

La regla de oro: no aburras a tu público. Estamos hartos de discursos ensimismados y tediosos, debemos empatizar con el público, nada mejor que ser los protagonistas nosotros mismos. ¡Tómatelo como algo personal y habla de ti! Si me cuentas qué te pasó, te voy a escuchar con atención. ¿Qué sentiste, qué pensaste, cómo lo superaste? Cuéntame emociones, hazme revivirlo contigo, llévame allí.

Todos sentimos una curiosidad morbosa al escuchar historias de adversidad, resiliencia, fracaso o conflicto. Es como pasar por delante de un accidente: imposible retirar la mirada, ¿verdad?

Como en todo, sentido común y coherencia. No se trata de salir a contar traumas como si estuvieras en un grupo de apoyo. ¿Qué mensaje quieres lanzar? Si no está claro, el *storytelling* no tendrá ningún sentido. Inspira, impacta, sé creativo, pero no pierdas el foco del objetivo principal.

Tienes que ser capaz de crear una conexión con el alma de tu público a través de las emociones, que promueva la empatía e invite a la reflexión: «también me pasó a mí» o «cuidado, podría ser yo». Serás un ejemplo de superación esperanzador, demuestra que rendirse no es una opción. Destaca los retos a los que te tuviste que enfrentar y cómo los superaste. Transmite sensaciones positivas. Si tú lo conseguiste, ellos también son capaces.

El *storytelling* es una herramienta sumamente eficaz en comunicación. Además de humanizar tu imagen como conferenciante, multiplica las posibilidades de ser recordado. Úsalo, pero ten presente que una cosa es el *storytelling* y otra bien diferente es el teatro de algunos ponentes. No lo hagas, resulta tan forzado que merma la credibilidad.

Evita igualmente la autopromoción, nadie va a disfrutar de una charla excesivamente comercial. Si quieres vender un producto o un servicio, hazlo de forma sutil. Vete dejando miguitas de pan a lo largo de tu intervención para crear la necesidad. Haz referencia de soslayo a tu libro o a las formaciones que impartes; estarás vendiendo sin que lo parezca y aportando el valor suficiente para que te prestemos nuestra atención. Lo normal es que proyectes al final de tu charla una imagen de tu libro y comentes dónde se puede adquirir.

Es importante que el público saque sus propias conclusiones; acompáñalos en el viaje, pero no los lleves de la manita. Como dice Tom Hopkins: «Si lo dices tú lo dudarán, si lo dicen ellos se convierte en verdad».

Helperconsejo: El mejor *storytelling* es el *storydoing*. No importa lo que dices, sino lo que haces. Por eso, en Helpers Speakers contamos historias, no cuentos.

El viaje del ponente

«La locura es el origen de las hazañas de todos los héroes»,
Erasmo de Róterdam.

Piensa en una película de Disney, Pixar o cualquier taquillazo hollywoodiense. El protagonista está arropadito en su cómoda vida, pasa algo que lo saca de su invernadero diario, tiene que afrontar retos, encuentra un compañero por el camino y acaba experimentando una transformación personal increíble, al tiempo que alcanza su objetivo, obviamente.

Sin duda, una manera infalible de contar una historia. Consta principalmente de tres grandes etapas: separación, iniciación, retorno. Es lo que se conoce como «el viaje del héroe».

Aunque las grandes corporaciones del ocio lo han sabido explotar magistralmente, ¿quién no se ha sentido identificado con un pez payaso o con una rata? (maravillosas *Buscando a Nemo* o *Ratatouille*). La autoría hay que reconocérsela a Carl Jung. Su obsesión por el estudio del inconsciente le llevó a investigar a los héroes mitológicos (si queréis profundizar, os recomendamos leer su obra *La psicología del arquetipo del niño*), cuyo destino final siempre es vencer al monstruo. La lectura está clara: el miedo siempre es más grande que el monstruo. Hay que atreverse. Hay que iniciar el viaje de autodescubrimiento.

El paso definitivo lo dio el mitólogo Joseph Campbell, que cogió el testigo de Jung recopilando el patrón que seguían todos los héroes en su proceso de transformación (puedes ampliar información leyendo su obra *El héroe de las mil caras*).

Te preguntarás «¿y esto a qué viene?». Puedes aplicar la fórmula del «viaje del héroe» en tu ponencia con resultados sorprendentes. Tú eres el protagonista de tus historias. Que te hayan sucedido a ti te legitiman para contarlas: has conocido la noche oscura del alma y has visto amanecer; se trata de compartir tu experiencia, tu realidad y tus aprendizajes. Es tu visión lo que va a ayudar a los demás. Estas historias personales de superación son muy fáciles de recordar, generan conexión instantánea con la audiencia y, por si fuera poco, son catalizadores de tu credibilidad.

Por favor, no inventes ni magnifiques, conocemos a algún conferenciante que trafica con sus lágrimas y cuyos baches existenciales colorean de un modo estridente sus charlas y libros (y quizás, su biografía). En lugar de conferencias de motivación deberían darlas sobre el gafe o la resurrección... Habla desde la honestidad, no inventes «casos sensibles» para granjearte el aplauso del público y relata hechos verídicos. Si son en primera persona, mejor aún.

Sé honesto. Describe ese viaje personal que te llevó a superar una adversidad, a tomar el control de tu vida y a triunfar sobre las circunstancias. Relata todas aquellas cosas extraordinarias que hiciste y que no todos seríamos capaces de hacer.

Haz un ejercicio de introspección, como si fueras a escribir tus memorias. ¿Qué triunfos destacas de tu vida? Remóntate a tu niñez (cuando te ibas dando cuenta de todo sin enterarte de nada), a la difícil adolescencia, a tu etapa de becario esclavizado donde te esforzaste más que nunca... Aunque te puedan parecer anécdotas irrelevantes, quizá no lo sean para tu público y logres hacer ese «clic» mágico. Esparce ese aroma a magdalena que nos haga evocar momentos pasados, como decía Proust.

Las historias de superación, con momento traumático incluido, sin duda provocan un impacto brutal en el público, te agarran por dentro y ya no te sueltan. La vida puede cambiar de un momento a otro, pero, a menudo, vivimos con un falso sentimiento de inmortalidad muy peligroso.

Cuando nos levantamos por la mañana, nunca pensamos que ese va a ser el día que nos cambie la vida para siempre. A Cristian Sainz de Marles un accidente lo dejó ciego con dieciocho años, edad en la que piensas que el tiempo es gratis y no se gasta…, y te sientes inmortal. El coche en el que viajaba dio varias vueltas de campana y su vida también. O el caso de Álvaro Vizcaíno, que salió una mañana a hacer surf y cayó por un acantilado (su historia inspiró la película de Netflix *Solo*). O Quico Taronji, que estuvo muerto más de doce horas para todo el mundo…, menos para sí mismo, durante esa interminable noche de naufragio frente a las costas tunecinas.

No lo vamos a calificar de *promesa* porque ya es una realidad: Paul Montiel, el *Hombre de titanio,* uno de esos seres excepcionales a los que hay que tener muy presentes. Ya te hablamos de él en el capítulo de «Tipos de conferenciantes». Es una de esas personas que nos hacen mejores a todos, con su actitud, con su valentía, con su generosidad. Nos recuerda que la vida te va a poner obstáculos, pero los límites los decides tú. Pasó de tenerlo todo en su Venezuela natal a sufrir un trágico accidente. Le costó asumir el «para siempre» y la anestesia de las drogas y el alcohol fueron su válvula de escape. Se dio a conocer en nuestro país gracias al reto de la revista *Men's Health.*

El mundo necesitaba conocer su historia y él lo ha hecho a lo grande, con un libro superventas y tres documentales (*Invisibles, La cuarta ola* y *Hombre de titanio,* nominado a los Emmy).

Para muchas personas, lamentablemente, una minusvalía es la excusa perfecta para no hacer las cosas. Para Paul, sin embargo, es el motivo de hacerlas: ha completado su primer triatlón y sigue poniéndose retos. La siguiente cita es en los Juegos Paralímpicos de París 2024, donde competirá en la modalidad de remo. Paul nos demuestra cada día que la única incapacidad que existe es la que nos imponemos nosotros mismos. ¿Quién dijo límites?

«Acepta el dolor y crecerá tu alma», que decía Carl Jung. Paul, Cristian, Quico…, ellos lo hicieron, no se conformaron con las cartas que la vida les repartió y ahora sus vidas son extraordinarias.

Helperconsejo: En tu camino del héroe no muestres solo tus éxitos, habla de los problemas que tuviste que afrontar, de los palos en las ruedas, de los consejos de tu entorno (sí, esos que tanto te quieren) para que abandonaras y de cómo, pese a todo, aceptaste el desafío, superaste tus miedos (y los de los demás).

Creatividad, un valor al alza

«La creatividad es la inteligencia divirtiéndose»,
Albert Einstein.

La originalidad se paga. Y se paga bastante bien, por cierto… Lamentablemente escasea.

Ahora todo parece la copia de una copia de otra copia. Tras el parón forzoso de la pandemia, han saltado a escena espontáneos «conferenciantes eco», que repiten lo que otros llevan diciendo años. Enhorabuena, acabáis de descubrir a Mario Alonso y a Victor, pues que no se os note tanto. Por favor, no lo hagas, es una falta de respeto hacia tu público y hacia ti mismo, acabas por no hacer pie en tu propia conferencia.

Por eso nos encanta cuando viene alguien con una propuesta fresca y novedosa. Y, créenos, al público le sucede lo mismo. Y, como casi todo, la creatividad es un músculo que se puede entrenar. Trabajo y tiempo. Una vez más:

¡sal de la caja! Aborda otra perspectiva, busca cómo impactar, trata de aportar un enfoque novedoso.

Las presentaciones se limitan a ser bisensoriales: dirigidas a la vista y al oído. ¡Dale un poco de gracia y apela a otros sentidos, que hay cinco! Parte de tu público va a ser kinestésico, otros serán más visuales o auditivos... Tienes que procurar llegar a todos.

Un formato que funciona muy bien es el que incluye la música: Daniel Abad (maestro director de orquesta, aunque él no tiene una batuta sino una varita mágica), Ángel Rielo (que siempre pone a cantar y bailar al público), Zapata Tenor, Salva Rock... ¡La energía que se crea con la música es pura magia y las *performances* que se montan nuestros queridos *helpers*, una locura!

Lo importante es que tu inicio sea llamativo. Olvídate de los tres actos convencionales vigentes desde los tiempos de Aristóteles. ¿Por qué no empiezas tu conferencia por el final (mostrando a todos la solución y las conclusiones, contando luego cómo has llegado hasta ahí) o *in media res*, es decir, por el medio? Juguetea, trastea, prueba... Veremos más adelante formas de arrancar una charla por todo lo alto. Un aperitivo: ¿has iniciado una presentación con una pregunta?

Si eres una persona gris o tu ponencia trata sobre algo tan poco sexi como la normativa de las deducciones fiscales para el régimen general de autónomos en el 2022..., lo sentimos, no hay esperanza contigo. Es mejor que te ciñas al formato de toda la vida: presentación, nudo y desenlace. Simple y efectiva. Y soporífera, que le deja a uno sin ganas de nada. Al menos, estarás evitando uno de los errores comunes: la falta de estructura.

Hay conferencias más desestructuradas que la familia de Woody Allen y Mia Farrow. No tener un hilo conductor provoca que el ponente dé bandazos de un tema a otro, a la deriva. Si tú no sabes dónde estás y a dónde quieres llegar, el público se perderá contigo. Y desconectará.

Incluso en formatos cortos se puede (y se debe) salir de lo previsible. Aunque dispongas de poco tiempo, no renuncies a aderezar tu intervención con anécdotas, a interactuar con el público, a recurrir al humor y a lanzar ideas poderosas. Prepara alguna de esas frases «para enmarcar» que tanto gustan para difundir en redes. Tendrás publicidad gratuita.

La gran mayoría de los conferenciantes optan por arrancar con un vídeo. ¿Qué nos parece? Bien, a secas, sin entusiasmo. Arranca el aplauso desde el minuto uno. Haz que se impliquen, que abandonen la actitud pasiva: que pregunten, que respondan, que rían, que lloren, que se emocionen, que tomen notas, que se sorprendan... ¡No queremos un público como si estuviera pintado!

Veremos que hay muchos recursos a tu alcance para diferenciarte y ser entretenido; maneja los diferentes tonos de voz (*acting*), el ritmo, implica al público y haz que participen activamente... (por favor, no los pongas a dar saltitos en sus butacas o a dar abrazos al que tengan detrás). Tampoco hace falta que recurras a la pirotecnia visual o pretendas un espectáculo digno de Hollywood, solo te pedimos que no seas uno de esos conferenciantes que se apoyan siempre en las mismas herramientas y recursos..., y se estancan (o, lo que es peor, no terminan de arrancar).

Helperconsejo: Atreverse es la clave. Como dijo Mark Twain: «Un hombre con una nueva idea es un loco hasta que triunfa». Eso sí, uno ha de estar muy convencido al arriesgar, de lo contrario, es mejor ser prudente y contenerse o rebajar la intensidad.

«KISS: *keep it simple & straightforward*» (simple y directo)

> «La simplicidad es la mayor de las sofisticaciones»,
> Leonardo da Vinci.

Si puedes decirlo con tres palabras, no uses cuatro. El capítulo ya estaría con esto. Te lo aseguramos. Pero para que no pienses que estamos flojos, vamos a darle un poco más de contenido (aunque, con ello, nos estemos contradiciendo con el título).

En oratoria es sumamente importante hablar de forma concisa, directa y no repetitiva. Simple. Simple. Simple (vale, otra vez nos contradecimos, *touché*).

Pregúntate qué es necesario que el público sepa. Jerarquiza la información, selecciona las «ideas fuerza» y recuerda, pocos mensajes, claros y aportando valor. Esas ideas clave son las que tienen que quedar bien ancladas. No dudes en lanzarlas al inicio y repítelas al cierre, que se les quede rumiando en la cabeza. Precaución al dar demasiadas explicaciones como si pensaras que el público es incapaz de entenderte a la primera, puede sentirse menospreciado.

Ten presente que un mensaje directo y sencillo impacta más en el receptor. Sobrecargar con información al público hará que su atención (y retención) disminuya considerablemente. Por tanto, ya sabes, economía en las palabras. Usa frases cortas (no más de ocho palabras) y oraciones simples, vocaliza y usa la entonación correcta en cada momento.

Lo analizaremos más adelante, pero, en general, si necesitas más palabras…, vuelve a darle una pensada. Desengrasa al máximo tu discurso: nada de párrafos, frases o palabras innecesarias. Igualmente, minimalismo en tu presentación.

¿Tienes que tratar un tema complejo? Lo simple siempre es mejor. Recuerda cuando Steve Jobs presentó el novedoso iPod. No se metió en jardines —a los que muy pocos podían seguirle entonces— hablando de gigas y datos técnicos, dio un golpe de efecto (otro más) y dijo aquello de «ahora dispones de más de mil canciones en tu bolsillo». Y todos nos compramos un iPod.

Helperconsejo: Una idea, un titular. Un torbellino de mensajes nos abruma y nos agota, con lo que serán más susceptibles de ser olvidados.

Conferencias con taxímetro
. . . .

> «Una conferencia tiene que acabar el día que empieza»,
> Ángel Rielo.

¡No hables más de la cuenta! El tiempo es vida, contrólalo bien. Salvo en muy contadas excepciones, las conferencias van con taxímetro. Tu conferencia tiene un tiempo asignado y es imperativo respetarlo, más cuando hay otros ponentes convocados o una agenda con varias actividades programadas. Al último se le va a reducir injustamente el tiempo porque los demás no lo están respetando, lo cual dice muy poco de la profesionalidad de los organizadores o de los otros ponentes.

No ser capaz de controlar el tiempo es uno de los cuatro jinetes del Apocalipsis de los malos conferenciantes (los otros son aburrir, plagiar y hablar desde el ego). Tenlo muy en cuenta. Lo vemos una y otra vez, y lo peor, muchos de los conferenciantes piensan que están haciendo un regalo a su público extendiéndose. No es así, no es recomendable irse más allá de una hora (si es presencial, el universo *on-line* tiene sus propias reglas y, generalmente, sesenta minutos suponen tener a tu audiencia anestesiada). Respeta el tiempo que te marca el cliente.

Ensaya en privado y cronométrate, es la única manera de controlar el tiempo sobre el escenario. Si la conferencia es larga, divídela en bloques y así podrás saber cuánto se alarga cada uno de ellos. Te dará visibilidad.

«La conferencia tiene que terminar el mismo día que empieza», como nos recuerda nuestro feliciólogo de cabecera. Por muy a gusto que te sientas en el escenario y aunque la energía que se haya creado sea mágica, por mucha información y conocimientos que quieras compartir con el universo, no te adornes y ajústate al tiempo que te han dado.

Aunque está mal, hay conferencias que se van de tiempo, pero las disfrutas enormemente. Pero no es lo habitual. Todos hemos asistido a la típica ponencia insufriblemente larga…, donde el ponente, además, es de una crueldad intolerable: «Y ya para concluir, bla, bla, bla». Cinco minutos después: «Y para finalizar, bla, bla, bla…». Quince minutos después, ahí sigue, inasequible al desaliento. ¿De verdad piensa que le está prestando atención alguien?

Si no tienes un contador ni nadie que te avise, ponte una alarma discreta en el móvil. Organízate bien. Si tienes cuarenta minutos asignados para tu conferencia, sabes que no podrás decir muchas más de seis mil palabras, a no ser que tengas incontinencia verbal o seas Emilio Duró. Controla el tiempo y no arrastres tu presentación más allá del tiempo asignado. Si no sabes gestionar esto, van a ocurrir dos cosas, y ambas son nefastas:

a) Te avisan para que vayas terminando, solo tienes cinco minutos. Sueltas un taco mental y empiezas a perder el control, pasas diapositivas, comentas aceleradamente y sueltas conceptos deslavazados.

b) Das al *stop* y acabas en un *coitus interruptus* de lo más desagradable. No, no es la manera óptima para acabar por todo lo alto.

Reduce y selecciona la información, facilita tu contacto por si alguien quiere profundizar más o aclarar dudas.

Helperconsejo: Prepara una conferencia de menos duración que el tiempo asignado, por mucho empeño que pongan los organizadores, en un congreso de varios panelistas lo normal es que vayan con bastante retraso al final de la agenda. Ten cuatro o cinco diapositivas adicionales como comodín o alarga el turno de preguntas si finalmente acabas antes. No obstante, recuerda las palabras de E. C. McKenzie: «Ningún discurso es absolutamente malo si es lo bastante corto».

La receta mágica del éxito: preparación y práctica

«Un experto es una persona que ha cometido todos los errores que pueden cometerse en un campo muy reducido», Niels Bohr.

Hay hectáreas de páginas escritas sobre oratoria, pero, tras muchas horas de vuelo (sobre los escenarios y en el patio de butacas), el único secreto es preparación y práctica.

Ya lo dijo el bueno de Graham Bell: «La clave del éxito reside en la preparación». Desconocemos en qué contexto lo dijo, quizá fue el día en que se levantó y pensó: «Venga, voy a inventar el teléfono». El caso es que, efectivamente, gran parte del éxito radica en no dejar nada al azar (ocúpate y no tendrás que preocuparte). Y por «ocuparte» tienes que entender *formarte*. Esto te abrirá las puertas a mantener los nervios controlados y a ganar confianza, elementos también presentes en la ecuación del éxito.

Como todo en esta vida, antes de emprender una tarea tienes que estudiar la situación y planificar la estrategia. Lincoln que, además de a los discursos le daba al bricolaje en sus ratos libres, dijo: «Si dispusiera de ocho horas para cortar un árbol, emplearía seis en afilar el hacha». El estilo para cada mensaje, el momento apropiado de lo que se dice…, no son cuestiones al azar ni para improvisar. Y cuánto más complejo sea lo que tengas que transmitir, mayor preparación requerirá, ya lo sabes.

¿Has hecho algo imprevisto durante tu ponencia de lo que te has arrepentido al minuto? *Welcome to the club!* El estar frente al público es un momento de tensión, te expones a la crítica y tu mente no funciona de la manera habitual. A veces te provocará un subidón similar a la embriaguez, en el que ya sabes que, aunque hay reglas básicas (no llamar a tu ex ni al jefe), a la mañana siguiente compruebas horrorizado que tuviste una mala idea.

Helperconsejo: Evita ese falso estado de euforia o, al menos, no te salgas del guion ni hagas cambios de última hora. Puede que se te ocurra una idea genial…, no lo dudamos, pero madúrala en la tranquilidad de tu casa para la próxima ocasión y confirma que, efectivamente, pasa el filtro de la censura.

Oratoria *vs. escuchatoria*

Lo más normal y previsible es que parte de la audiencia solo te esté oyendo y no escuchando a mitad de la charla. Asúmelo.

Ojalá hubiera cursos de «escuchatoria», pero nos tememos que es un nicho de mercado por explorar (¡aviso a los emprendedores!). Sería una especie de *mindfulness* para traer a tu audiencia aquí y ahora. La primera lección, sin duda, sería «deja el put* móvil y atiende».

Por mucho que te cueste morderte la lengua, salvo flagrantes faltas de respeto, es preferible ignorar a quien te ignora. Eso sí, procura no perder su atención o ser capaz de traerlos de vuelta. No controlas a la audiencia, de acuerdo, pero hazlo lo mejor que puedas durante tu intervención. No entres en flagelación mental ni te vengas abajo por sus reacciones mientras estás en acción.

Quizás tu público está obligado a escucharte, o están cansados tras un largo día de congreso (o una larga noche...). Pero puede también que su distracción sea responsabilidad tuya, que no estás sabiendo captar o mantener la atención con tu tediosa, larga y unidireccional charla. Y es que, amigo, ya puedes tratar los temas más apasionantes que, si resultas monótono, el público desconectará. Tu objetivo principal es conseguir captar y retener esa atención. Harry Hershfield lo resume perfectamente: «Mi trabajo es hablar, el vuestro, escuchar. Si acabáis antes, avisadme, por favor».

Haz que tu público se active, que participe, que trabaje. Cambia la intensidad de tu voz, hazle reír, haz que se mueva, cuenta historias... Ya te hemos ido hablando de casi todas estas herramientas, úsalas.

Helperconsejo: Por muy interesante y entretenido que sea tu discurso, habrá momentos en los que tu público desviará su atención. El cerebro humano no está programado para tragarse una chapa de una hora, y todos tenemos activada la escucha intermitente en algún momento. Que levante el móvil quien no lo haya hecho. Esto es así. Acéptalo. Trata de tener impactos sensoriales cada quince minutos para «despertar» a tu público y sorprenderlo.

Cómo envolver para regalo un tema soporífero

· ·

«El secreto de aburrir a la gente consiste en decirlo todo»,
Voltaire.

Estás dando tu charla. La mujer de la tercera fila lleva varios minutos en Instagram, el hombre de detrás acaba de marcarse un bostezo como el del león de la Metro, algunos no dejan de cuchichear, hay una señora en la última fila que está interiorizando tanto el discurso que tiene los ojos cerrados..., y jurarías que está roncando. Incluso habrá alguien que se está dando un garbeo discoquetero por Tinder. Algo no va bien, se te encienden todas las luces de alarma. Admítelo, tu conferencia da más sueño que un cóctel de orfidales. Vamos a darle al *pause* y añadir levadura para que suba.

Te lo decimos una vez más y no volvemos a tocar el tema: ¡No aburras a tu público! Es de primero de oratoria.

Da igual el contenido y el tono de la charla, no aburras a tu público. Esto grabado a fuego.

Algunas personas son más sabias que un kilo de galletas de la fortuna, están cargaditas de titulaciones, han escrito varios libros y llevan dando clases en la universidad desde que Franco era cabo. ¡Son un fenómeno! Hablan, hablan y hablan…, al final nadie comprende lo que quieren decir, pero todo el mundo está de acuerdo en que tienen razón. Probablemente llevan hablando décadas en público, pero ¿consideras que saben realmente hacerlo? Si no te entienden, no hay comunicación, tatúatelo en la piel.

Para empezar, deberían tratar de usar un lenguaje menos alambicado, y no centrarse exclusivamente en el contenido, hay que apelar siempre a las emociones de los asistentes e interactuar con ellos. Son incapaces de conectar, emocionar y tocar el corazón del público. Y lo más importante, hacerse entender.

Independientemente de si hablas de la cría de gusanos de seda en la China del siglo VI como si tratas un tema de candente actualidad, siempre puedes —y debes— expresar tus ideas de un modo más inspirador. Haz que te escuchen y mantengan la atención.

Victor Küppers asegura que si en lugar de psicología positiva hablara de otro tema más denso, el resultado no sería el mismo: «Todos estamos faltos de alegría, de optimismo e ilusión, por eso mis palabras son como una botella de agua en el desierto. Si hablase de tendencias económicas seguro que me moriría de asco».

Si el tema de tu charla no hay por donde cogerlo, al menos prepara una batería de diapositivas impactantes con las que disparar al interés de tu público. El nivel de las presentaciones suele ser muy bajo, mucho texto, letra ilegible, datos infumables..., por tanto, inefectivas. Apuesta por un formato visual y minimalista. Un error habitual es usar las diapositivas como guion de tu ponencia. Práctico, así no te la tienes que preparar. Qué bien, ¿no? Sé más profesional, *aerfavó*. Más adelante tienes un capítulo específico.

Rompe lo establecido y previsible: sorprende a todos sacando un conejo de la chistera. Las personas estamos diseñadas para atender ante la sorpresa. Muestra las medallas olímpicas, juega con las palabras, proyecta un vídeo, da a probar algún producto... Tienes mil opciones.

El humor es uno de los conectores más importantes con el auditorio, es genial si te sientes cómodo, pero si no es así..., no lo uses. Tienes un capítulo dedicado al humor más adelante.

Helperconsejo: Deja de informar y comienza a inspirar. Sabemos que estás tirando de hemisferio izquierdo, los números te dan la razón, pero quien tiene que dártela es el público, no lo olvides. Pon a funcionar la parte derecha de tu cerebro y ponle color a tu ponencia.

La maldición del conocimiento
. . . .

> «La inteligencia consiste no solo en el conocimiento, sino también en la destreza de aplicar los conocimientos en la práctica»,
> Aristóteles.

La maldición del conocimiento hace que, cuánto más sabes sobre un tema, más difícil te resulta comunicarlo. Haz caso a William Butler: «Piensa como un hombre sabio, pero comunícate en el lenguaje de la gente». La pregunta que siempre tienes que plantearte es «¿para quién estás hablando?».

Lo más importante a la hora de impartir un discurso es el público, el discurso tiene que adaptarse a sus necesidades. Dos errores muy comunes de este tipo de perfiles tan expertos es hablar desde el ego y querer explicar en una hora lo que a ellos les ha costado años aprender. Hablan y hablan como una audioguía de museo, y allí se pasan la hora, en su laberinto mental. Cuando dices muchas cosas, acabas por no decir nada.

Si es tu caso, introduce consciencia en tu charla, sintetiza y huye de las acrobacias intelectuales. Lo sabemos, eres un experto, dominas el tema, te encantas y quieres que la gente sea consciente de ello. ¡Error! (y horror). Recurrir a tecnicismos con una pretendida superioridad es deleznable.

Obviamente, si estás en un foro especializado, puedes hacer uso de ello, pero si estás ante público en general, abstente. Cuanto más compleja sea tu charla menos la entenderán. Y, por supuesto, nada de anglicismos, ¡no seas *cooltureta*! Resultarás irritante. Tampoco vayas al extremo y te pases de informal hablando como un estibador de puerto. Soltar un taco en el momento indicado puede ser hasta necesario, pero no seas muy palabrotero, es vulgar. Cuanto más simple y directa presentes una idea, más comprensible resultará y creíble serán tanto tu mensaje como tú.

Muchos expertos adolecen del mismo mal: la falta de empatía del conocimiento. Es decir, esa incapacidad de ponerse en la piel del que no sabe. Es gente importante, inteligente y brillante..., y cuando los tienes delante, el efecto halo languidece por su nula capacidad de conexión. Quizás han paseado tanto por su vasto campo de conocimientos y les resulta tan familiar que no se plantean que pueda ser terreno inhóspito para otros. El resultado es como si dieran un concierto para sordos.

Sin duda, los grandes enemigos de un conferenciante son el ego, la soberbia y la prepotencia. Tú no eres importante, lo son tus ideas y el efecto que causan en la gente. Aterriza los conocimientos, bájalos a tierra. Rompe la unidireccionalidad e implica a tu público, asegúrate de que están siguiendo tus explicaciones. Ten personalidad y creatividad a la hora de transmitir, trata de explicar lo complejo de manera sencilla; no todo el mundo tiene tu nivel.

Recuerda que el dato está sobrevalorado: es una presentación no un informe; usa datos intuitivos que se entiendan en cinco segundos. Ay, esas tediosas presentaciones con tablas de Excel y sobredosis de números diminutos e ilegibles. Sin duda, el Excel es una de las mayores aberraciones que hemos cometido los humanos como especie. Puede que las tablas o los gráficos en sí no sean una aberración, pero sí el uso —y abuso— que se les suele dar. ¿El cuchillo es un utensilio de cocina o un arma?

No pienses que todo el mundo razona como tú, básate en datos «fáciles de recordar», cifras y porcentajes que sean atractivos, persuasivos y convincentes. La mente memoriza mejor si usamos imágenes o metáforas para reforzar los conceptos clave. No hay metros, ni litros, ni nanosegundos…, eso son invenciones para tratar de entender la magnitud de las cosas y saber si son grandes o pequeñas, largas o cortas, rápidas o lentas.

Las comparaciones no siempre son odiosas, en lugar de dar datos que casi ninguno somos capaces de procesar, juega con las comparaciones, lograrás mantener la conferencia enfocada. La medida «campo de fútbol» debería estar admitida en el sistema métrico. No hables de micras, nanosegundos y similar si tu audiencia no está especializada; danos una imagen familiar para que podamos relacionarlo.

Por descontado, sé honesto con las cifras. Una cosa es hacerlas más digestibles y otra faltar a la realidad. ¿Cuántas veces se citan estudios irrelevantes o poco contrastados? Una conversación informal con tu entorno, tomando unas cervezas, no arroja conclusiones a nivel mundial.

Helperconsejo: «Dato mata relato», los números son números. Eres tú el que decide qué historia cuentan. Humaniza los datos para crear valor y hazle el avioncito a tu público para que coman y no se les haga bola la información.

Treinta segundos para romper el hielo y un minuto para derretirlos

«A veces no es cuestión de tener nuevas ideas, sino de dejar de tener ideas antiguas», Edwin Land.

Toca bajar a la arena. Prepárate para los treinta segundos más largos de tu vida: «Buenos días a todos. Es un placer y un honor estar aquí, soy x y hoy os hablaré de…». ¿De verdad vas a gastar tus balas en un tiro fallido? Por favor, jamás arranques así una conferencia, dan ganas de darle a «saltar *intro*», como en las series.

Es preferible que sea otro quien te presente a que lo hagas tú mismo y perder efectividad con tu entrada. No pises el escenario hasta que no te anuncien, es más, no salgas hasta no escuchar tu nombre. Si quieres que te presenten bien, escribe tú la biografía, crea expectativa: «fue…», «también hizo…», «fue el primero en…». ¡Sal con energía, mira a tu público…, y guarda silencio!

No empieces a hablar inmediatamente nada más salir al escenario. Adopta una posición centrada, cuenta hasta tres (no lo hagas en voz alta, ¿eh?, que ya te estamos viendo…) y, entonces sí, comienza tu exposición. Proyectarás seguridad y captarás la atención del público: dejarán de oír para empezar a escuchar. Eso sí, se te hará más largo que el minuto del microondas esperando a calentar el café mañanero.

La neurociencia afirma que el cerebro humano (olé nosotros) se empieza a dispersar después de treinta segundos de escucha si las primeras palabras no han accionado el «clic». En esos segundos debes trasladar al público tu idea principal y el tono de la conferencia, de lo contrario, se pondrán en modo avión. Por eso, tienes que empezar con un cadáver en la sala, como aconseja Mónica Galán. ¿Acaso no le funcionó siempre la fórmula a Agatha Christie? Evita los tópicos y los prólogos. ¿Sabes qué hace la gente con los prólogos? Efectivamente, se los salta. Y ya si arrancas con un «bueno, pues… (y palmada), hoy os voy a contar una cosita…», tienes el tomatazo asegurado.

Provócalos, enfatiza, capta su atención, golpéalos con una pregunta: «¿Queréis seguir perdiendo clientes?» (sí, esto es muy de congreso de ventas). Saca pecho y pon en valor tu trabajo: «Escuchad porque os voy a dar la solución» (la promesa los mantendrá atentos). ¡Bravo!, ese eres tú empezando con el pie derecho.

Pregunta de Trivial: ¿sabes por qué las charlas TED duran dieciocho minutos? Se considera que es el período máximo de atención plena. Por mucho interés que tenga tu charla, a partir del minuto diecinueve nos vamos a empezar a dispersar. ¡Renueva el agua de los garbanzos! Trae a tu público de vuelta, oblígalos a estar atentos. Como norma, cuanto más tiempo dure la conferencia más se irá alejando el público.

Interactúa. Haz preguntas (aunque sean retóricas, las responderán en sus cabezas), si conoces algunos nombres, dilos... Cuanto más los involucres, más se interesarán por lo que dices. Ten en cuenta que las preguntas cerradas generan respuestas cortas (sí o no) y es mucho más probable que las respondan: ¿cebolla en la tortilla, sí o no?, por cierto, aunque el debate es apasionante, las preguntas deben guardar relación con el tema de tu presentación. Conseguir que el público responda a tus preguntas hace que estés un pasito más cerca de ellos.

Puedes lanzar una pregunta provocativa que despierte la curiosidad: «¿Arriesgarías tu vida para salvar a otro?, ¿y si fuera un niño?, ¿y si fuera tu hijo?». Todavía hay alguno que se lo piensa... «para la vida que me da, que me lo cuide el Señor». Ese es un recurso habitual en las conferencias de Julio de la Iglesia, nuestro tédax en activo (que, por cierto, es la bomba).

Y seguimos para bingo. Puedes preguntar sobre experiencias («¿Cuándo fue la última vez que hiciste algo por primera vez?»), buscar su complicidad («¿Estáis de acuerdo en que cada vez hay más gente y menos personas?»), apelar a su imaginación («¿Si pudieras pedirle algo a la vida?») o a las emociones («¿Cómo te sentiste cuando...?»), lanzar preguntas reflexivas («¿Por qué la misma agua que endurece un huevo ablanda las patatas?»). Haznos caso y usa el comodín de la pregunta.

Desde el primer momento, se tiene que apreciar que dominas el contenido y te apasiona el tema. ¿Qué quieres que la gente recuerde? Elige tres mensajes cortos, fáciles de asimilar y que sean emotivos. Sigue el potente consejo de la escritora Maya Angelou: «La gente olvidará lo que dijiste, olvidará lo que hiciste, pero nunca olvidará cómo la hiciste sentir». A Maya le faltó decir que si aburres a tu público y les hiciste sentir sopor, jamás te olvidarán. Evita ser un mal recuerdo, tu objetivo es impactar (para bien) y dejarlos hablando de ese efecto *wow*.

Ya te hemos dicho la importancia de arrancar bien (el momento más importarte junto al cierre). Evita la «meta-charla», decir qué vas a tratar en la siguiente hora no es el inicio memorable que todos esperan.

No te disculpes (bueno…, si haces alguna burrada, sí, discúlpate), pero no pidas clemencia diciendo que estás muy nervioso, no te has podido preparar bien o que nunca habías hablado ante tanta gente y estás abrumado. Lo único que consigues así es poner a la audiencia en estado de alerta y duda, en busca de todos tus fallos.

Algunos conferenciantes arrancan con una cita o frase célebre: «Mark Twain dijo que los dos días más importantes de tu vida son el día que naces y el día que descubres por qué». Y eso te da pie para desarrollar tu discurso. Basarte en personalidades consagradas aporta credibilidad a la idea que la frase subraya y, por extensión, al resto del mensaje.

Elige bien, hay frases buenas y frases malas. Las buenas te ayudan a acercarte a tu objetivo, las malas te alejan de él. Sencillo, ¿no? Usa frases memorables, ingeniosas e inteligentes. Eso sí, citar a un autor que no conoces es como hablar de un libro que no has leído o recomendar una película que no has visto. Asegúrate de que la frase es correcta y atribuida al autor correcto. Y varía regularmente tu repertorio, no menciones siempre las mismas referencias.

Personalmente, nos resulta artificial abrir la presentación con una frase célebre…, pero es decisión tuya. Si usas una cita divertida, seguro que tienes el aplauso del público (comprobarás que no tienes que ser gracioso si citas a alguien que lo es por ti).

Por cierto, si proyectas las frases en la pantalla, no las leas. Lo veremos más adelante, tu presentación no se lee: se siente.

Helperconsejo: Sonreír, probablemente sea la llave maestra para acceder a tu audiencia.

Errores comunes de las malas conferencias
· ·

> «El hombre que ha cometido un error y no lo corrige comete otro error mayor», Confucio.

Ya sabes que lo peor que puede pasar con una conferencia es que sea aburrida y, como consecuencia, el público desconecte con facilidad, coja el móvil y empiece a gestionar el correo pendiente… Vale, vas perdiendo el partido por 3-1, pero puedes remontar.

No importa si es la primera o la millonésima vez que impartes tu charla, siempre, SIEMPRE, hay pequeños errores que corregir; no seas tan ingenuo o soberbio para pensar que no tienes margen de mejora. Errores hay cientos, desde saturar con demasiada información hasta insertar imágenes de mala calidad o aportar datos irrelevantes. Aquí van unos cuántos.

«¿Se me escucha, se oye bien?». Sin duda, la peor entrada posible. Si quieres asegurarte de que el micrófono funciona correctamente y te escucha el auditorio entero, prueba el sonido veinte minutos antes de empezar. Ya sabes, «uh, ah…; uno, dos, uno, dos…; probando, probando» o, como hace Victor Küppers, «arriba Mesi, arriiba Meessi, arriiiiba Meeesii» en un frenético *in crescendo*.

«Por favor, móviles en silencio». No seas ingenuo, criatura. Si no los apagamos en el avión, ¿por qué piensas que lo haremos durante tu conferencia? Ten en cuenta que no a todos les gusta que los graben (de hecho, por contrato, los más consagrados lo tienen prohibido). Respétalo.

Hablar acelerado o demasiado lento son errores de conferenciante novato. Con demasiada frecuencia, los *speakers* inexpertos quieren decir tantísimas cosas e ir tan rápido que no vocalizan… Esto obliga a hacer un sobreesfuerzo que no toda tu audiencia va a estar dispuesta a realizar. Otros le ponen tanta energía enfatizando sus palabras (muy americano y no del gusto de aquí) que te sientes regañado y hasta arrugadito en tu asiento. Leónidas, arengar al estilo de siglos pasados no funciona en esta época. Ante todo, hay que resultar naturales y evitar la sobreactuación.

Aprende a respirar (vale, aprender a respirar *bien* sería el titular). Seguro que no estás usando correctamente tu capacidad pulmonar, para ello es indispensable usar bien el diafragma. Ten en cuenta que no siempre vas a disponer de un micrófono, por lo que saber modular y proyectar correctamente la voz se hace indispensable. Además, evitarás lesiones.

Un tiro, un pato: concéntrate en tres o cuatro ideas clave que irás desarrollando. Te lo estamos repitiendo una y otra vez. No aburras ni abrumes a tu público con un bombardeo incesante de conceptos y reflexiones, particularmente si dispones de un tiempo limitado, como será lo normal.

Procura no irte por las ramas y meterte en jardines: podrías incurrir en imprecisiones que te pasarán factura. Ten muy claro el esquema inicial y, recuerda, el mensaje debe ser transparente y generar confianza. Evita los dubitativos «creo recordar que…». Aunque seas un genio improvisando, hablar sin conocer a fondo el tema o sin haberse preparado convenientemente hará que pierdas credibilidad. No te confíes y mantén el rumbo previsto o acabarás naufragando. Tu público es muy fácil de leer, sabrás en seguida si están contigo.

Todos vamos a tener momentos en los que no sabemos qué hacer con nuestras manos, piernas o cualquier otra parte de nuestro cuerpo. No te quedes estático como si tu cuerpo fuera un trípode sosteniendo tu cabeza, mantente anclado al escenario cuando estés parado, adopta una posición de confianza y poder. Muévete con naturalidad el resto del tiempo.

Evita a toda costa hacer movimientos o gestos mecánicos, tics que desvían la atención de lo que estás diciendo: balanceándote de un lado a otro, tocarte el reloj, los botones de la chaqueta, tirarte de las mangas, agarrarte al atril como un náufrago a su tabla…

Libérate de todos los elementos que te restan protagonismo, el atril, estar sentado al fondo, girarte hacia la pantalla... Tienes que ser visible, audible y casi palpable por tu público para que se logre la conexión.

No hagas catarsis con el público, esto no es una terapia de grupo. Ellos no quieren escuchar tus problemas, sino oír tus soluciones. Mide bien lo que compartes y cómo, puede provocar una fuerte —y contraproducente— respuesta emocional que interfiera con el tema. Tampoco tienes que compartir algo extraordinario, busca esa conexión con el público. Hemos visto demasiadas veces historias muy potentes que no llegan al público porque falla la presencia escénica, falta fuerza en la comunicación o escasea la autoconfianza.

Entrena tu lenguaje corporal: sé coherente entre lo que dices y lo que dice tu cara. No sonrías al contar que una enfermedad te dejó ciego de niño. Verídico, lo hemos visto. Y, ya que estamos, entrena tu lenguaje oral. Evita todos aquellos lugares comunes que debilitan tu lenguaje. Lee mucho, especialmente libros (sin fotos, a ser posible). Harán que se expanda tu mente y tu vocabulario.

Ya hemos dicho que un buen arranque es determinante, pero acabar sin un cierre a la altura puede arruinar toda tu conferencia. Os aseguramos que algunas veces no sabemos cuándo se ha terminado la conferencia, y no hay nada menos impactante que eso. Echar a perder un cierre con ovación y difuminarlo con el turno de preguntas...

Helperconsejo: Pon en valor tu singularidad, imitar a otros en un error y un horror. Para consolidarte como ponente debes ser fiel a ti mismo y descubrir tu propio estilo (afín a tu personalidad). Es un proceso de ensayo y error; ten paciencia y disfruta del camino.

Cómo afrontar el mundo *on-line*

....

«No hay distancias cuando se tiene un motivo»,
Jane Austen.

El 13 de marzo de 2020, cuando todo se paró, no nos quedó más remedio que asomarnos al mundo a través de nuestras pantallas. Zoom nos salvó la vida y demostró que venía para quedarse. Antes de la COVID (a. C. se va a consolidar como el reversionado *antes de Cristo*) apenas unos pocos frikis lo conocían, pero hay que reconocer que ha salido sin un rasguño de la pandemia, demostrando que las relaciones a distancia son difíciles, pero no imposibles.

La mayoría de las reuniones (al menos externas) se siguen haciendo por Zoom, Teams o Webex. Por cierto, descanse en paz Skype, era el que mejor estaba posicionado y le han pasado por la derecha, por la izquierda y por arriba...

El meteorito digital también alcanzó al mundo de los conferenciantes, que vio la luz al final del túnel gracias a estas plataformas. Pero el formato —una vez salvada la pandemia— no ha cuajado. Afortunadamente.

Para los *speakers* resultaba muy complicado hablar a un circulito en la pantalla, pese a que la mayoría tenían muchas horas de vuelo como comunicadores. Los espectadores echaban de menos la energía que se creaba en los directos presenciales, la ilusión de ver al ponente a pocos metros, y el contagiarse (perdón por la palabra) de las reacciones de los demás.

Si ya hablar en público es difícil, hacerlo sin ver al público lo es mucho más. Te sientes incómodo y hasta ridículo hablando a una pantalla con tu presentación abierta o cuadraditos en negro, porque muchos están sin la cámara operativa, otros directamente sería mejor que la apagaran..., y tú no dejas de observarte cuando hablas, te peinas (chicas, esto va por vosotras, no estáis frente al espejo del baño), corriges la postura..., y, por supuesto, todo en tiempo real mientras te concentras —o deberías— en dar una ponencia memorable.

No nos engañemos, Zoom, Teams, Webex... fueron un salvavidas en un momento de necesidad, pero un evento presencial no se puede suplir con nada. Ni siquiera con la innovadora propuesta de metaverso, porque pocos sabían cómo entrar y moverse por ese mundo virtual con soltura y, pasada la sorpresa inicial, era un engorro tedioso. Menos mal que en Helpers tenemos a Pedro Mujica, referente indiscutible, que nos ayuda a entrar en el futuro.

La ilusión volvió, se relajaron las restricciones y las empresas se negaban a pasar un año más sin su convención navideña. Pero diciembre de 2021 solo dio disgustos. De nuevo vimos cómo toda la agenda se iba cancelando ante la alarma lanzada desde el Gobierno, todo un ataque en plena línea de flotación a la hostelería y con muchas víctimas colaterales, como el sector de los eventos.

Pero el mundo no se para. Se dio paso entonces a sofisticados directos con el ponente frente a un croma (con un despliegue de medios muy hollywoodiense, incluso desplazado a un estudio). La mayoría de los ponentes profesionales invirtieron en montar un estudio en casa. Ya no valía con emular a su hija adolescente y la revelación de la pandemia, el aro de luz led. Por favor, no te lo pongas detrás de ti que dan ganas de arrodillarse y rezar.

2022 no fue un mal año, hubo cosechas peores. Tras el calentón pospandemia (y esas inmensas ganas de *eventear*, dar abrazos y respirar libres que lo invadió todo), ahora estamos en un momento de normalización relativa, con mayoría de eventos cien por cien presenciales en España, y el *on-line* reservado para conexiones con nuestros vecinos del otro lado del charco, que han visto en esta fórmula la solución perfecta para poder escuchar a Victor Küppers —por fin— en directo.

Lo que sí parece tener más esperanza de vida son los eventos híbridos. Los organizadores se han percatado de que con el *streaming* pueden llegar a mucha más gente que de modo presencial sería imposible acoger.

Por cierto, en este tipo de eventos híbridos lo que prima es tu público presencial, por supuesto, saluda a la gente que está siguiendo el evento en pijama, pero céntrate en los que están allí contigo de cuerpo presente.

Ten en cuenta que en el «cara a cara» puedes manejar gran cantidad de detalles periféricos en comparación con el mundo *on-line*. En las conferencias presenciales, surge —inevitablemente— una interacción más directa. Por mucho que te esfuerces, conseguir ese *rapport* mágico del que hablaremos en unas páginas no es tarea fácil. No te frustres.

Admitamos los buenos momentos que nos han brindado las primeras reuniones vía Zoom. Aquello parecían sesiones de espiritismo: «¿María, estás ahí, habla...?». Y María: «¿Hola, me oís, se me ve?». Daba igual que avisaras en casa buscando tranquilidad. Por allí pasaba tu pareja, el perro y hasta el de Amazon.

Tres años después, certificamos que hacer reuniones vía Zoom es sencillo, hacer buenas reuniones, no tanto. Seguimos encontrando a muchos que no miran directamente a la cámara, tienen poca luz, visten como si acabaran de llegar de ordeñar vacas o han escogido un mal fondo donde situarse que no deja de distraer (que tire la primera piedra quien no está más pendiente de leer los títulos de la librería de detrás del ponente que de escuchar).

Seguramente te sientas incómodo al tener que dirigir tu mirada a un puntito en lo alto de la pantalla, pero estás en un «entorno seguro», ya que, por muchas personas que haya conectadas, tú solo vas a ver a unas pocas (con Zoom el máximo por pantalla es cuarenta y cinco). Eso no impresiona ni la mitad que sentir el pulso del público a pocos metros.

Pero, seamos francos, esta tecnología está bastante lejos de ser perfecta. De repente, por mucho que hayas hecho una prueba de sonido, imagen y conectividad, el día del evento la plataforma no te deja acceder, o decide que lo hagas sin cámara…, o sin sonido. Sí, señores, el día d a la hora h, tengan por seguro que es cuando se va a cortar la señal de wifi, se irá la luz en el vecindario o tu vecino habrá decidido empezar la obra de su casa. Fluye, todo es perfecto.

El lenguaje corporal pasa a un segundo plano si la reunión se realiza sin webcam y, por tanto, no hay contacto visual. Se pierden entonces muchos trucos y reglas sobre presentaciones y comunicaciones eficaces y la voz pasa a tener un papel protagonista.

Cuida mucho la puesta en escena, nada de fondos virtuales que se noten, cuidado con los encuadres, la posición del ordenador, la iluminación… Recuerda que si no nos entra por los ojos no llega al corazón.

Helperconsejo: No te mires a ti mismo mientras hablas y, por supuesto…, ¡no te peines ni pongas morritos!

CONOCE A TU PÚBLICO

«Preparar una presentación sin el público en mente
es como escribir un discurso de amor empezando con
"a quien le pueda interesar"»,
Ken Haemer.

¿Verdad que no hablas igual a un cliente que a un amigo o a un niño? Decía Sun Tzu (*El arte de la guerra*) que si conoces a tu enemigo mejor de lo que te conoces a ti mismo, el resultado de la batalla ya está decidido.

Pues ya sabes, a hacer los deberes y a mapear a la audiencia para diseñar y adaptar el contenido a cada situación. Te aconsejamos que trates de ser lo más natural posible para que el mensaje sea permeable, usando el lenguaje que ellos mismos usarían, cercano y hasta diríamos que informal, pero correcto, sin confundir el tú con el tururú.

A menudo comprobamos que muchos conferenciantes novatos (o egocéntricos) cometen el error de hablar exclusivamente para ellos mismos, olvidándose de su audiencia. ¡Error!

Tenemos que asegurar —obviamente— la comprensión, pero también la «entrega de valor», piensa en las necesidades, inquietudes, temores y dudas que puedan surgirles, y adelántate dando respuesta en tu ponencia.

Para ello, es indispensable que sepas cuál es tu público, género, edad, nivel laboral... Conseguir la memorabilidad con lo que tienes, ese es tu reto. ¡Eleva las expectativas!

Trata de imaginar, con toda esa información de la que dispones, cuáles son sus sesgos, incluso, si estarán receptivos o se mostrarán más bien escépticos. Si es un evento de entrada general, lo normal es que la gente esté receptiva y con ganas de escucharte. Pero, ay, amigo, si tu conferencia forma parte de un acto corporativo, este público es un tanto resbaladizo y el interés será relativo, ya que se trata de una charla obligatoria incluida en las dinámicas de la empresa. De poco sirve hablar a quien no quiere escuchar.

Siempre habrá alguno al que le interese *niente* que tú estés allí, por mucho que te esfuerces. Y si encima el día anterior hubo cena y se comportaron como el Dioni en Brasil, olvídate de que te presten atención.

Helperconsejo: Da lo mejor de ti en cada evento a tu público y ellos te devolverán el gesto. En general quieren estar ahí y que la conferencia te salga redonda, de verdad, desean escuchar, disfrutar, emocionarse y aprender contigo. Al menos, te darán la oportunidad de intentarlo esos primeros minutos vitales.

¿Qué saben del tema?

«Saber qué decir a quién, saber cuándo decirlo
y saber cómo decirlo para lograr el máximo efecto»,
Malcolm Gladwell.

Cada una de las personas que está sentada frente a ti es una isla. Obviamente, al tratarse de un colectivo, te vas a encontrar con un crisol de perfiles en el que no todos piensan de igual forma ni les motivan las mismas cuestiones; tampoco compartirán el mismo nivel de conocimientos..., pero «jugamos» a que son un todo por una cuestión práctica. ¿Se trata de un auditorio adolescente o de una reunión de ventas, un foro de emprendedores o un congreso de desarrollo personal exclusivo para mujeres empoderadas que han encontrado su para qué en la vida (sí, ironía en modo *on*)?

Tienes que asegurar la comprensión, es muy importante articular el discurso de tal forma que llegue eficazmente a todas (o casi todas) las personas. Ni muy básico, porque no vas a sumar valor, ni muy técnico (salvo que sea un foro especializado y hables con profesionales en tu mismo nivel o casi), porque resultará farragoso e incomprensible.

Saber el nivel de conocimientos de tu público es crucial. Si tocas algún punto básico para aterrizar en otros temas, no olvides la coletilla «como sabéis...», porque todos deberían estar familiarizados con ello y no sentirán que los estás menospreciando.

Helperconsejo: ¿Qué les preocupa? No es lo mismo si impartes una charla para experimentados emprendedores que para estudiantes. Si conoces sus necesidades, podrás aportarles soluciones prácticas.

Briefing con el cliente

«El primer paso para superar las expectativas
de tus clientes… es conocer esas expectativas»,
Roy H. Williams.

Ya hemos visto que ponerle «nombre y apellidos» a tu público te va a ayudar a diseñar y personalizar el contenido. Trata de cortar el traje a medida o, al menos, que sea de la talla del cliente.

La mejor forma para tomar medidas a tu audiencia es a través de un buen *briefing*. Este paso es muy importante y demuestra interés por tu cliente. Pero no te vuelvas loco asistiendo presencialmente a las oficinas de quien te contrata: no es imprescindible que sea presencial. Se suele organizar un Zoom de no más de media hora, tiempo suficiente para conocer el número aproximado de asistentes, la edad media del público, nivel profesional, objetivos del evento…

Recomendamos agendar la reunión con un par de semanas de antelación, antes seguro que hay cambios de última hora y muchos de los detalles no están frescos, y después, si el ponente es de los que se preparan cada intervención, podría estar justo de tiempo.

Hay que conocer, en la medida de lo posible, la coyuntura de la empresa: no es igual una celebración de agradecimiento por las cifras conseguidas que un *kick off* en el que se ha anunciado un ERE (el ambiente no será como para tirar confeti).

Ponerte en la piel de tu audiencia es fundamental, empatiza con ellos y no minusvalores sus preocupaciones, por mucho que en el fondo vayas a escuchar las mismas quejas de siempre y pienses que no son más que una panda de niños con corbata.

Es importante que sepas a quién han tenido otros años, el tipo de evento y, sobre todo, qué quieren conseguir. Toma nota de todo, pregunta si hay algún *claim* al que puedas referirte o si desean hacer un guiño o lanzar un mensaje en particular.

Lo ideal es que tuvieras la oportunidad de dar varios impactos formativos o motivacionales a lo largo del año en lugar de un único evento al que solo van los de siempre. Pero, en la práctica, la mayoría de las empresas que hacen eventos siguen incluyendo las conferencias en la convención anual y poco más.

Lamentablemente, sigue primando el «hacerse la foto» sobre el contenido. ¿Küppers, en un encuentro de líderes digitales hablando de metaverso? Qué importante es elegir bien tanto el formato del evento como al ponente que encaje, y no solo en función de la cuestión mediática para agradar al jefe de turno. En fin, es la pelea diaria.

Tu participación puede ser secreta hasta el mismo momento en que te presentan o pueden pedirte que grabes algún vídeo promocional previo, te pueden solicitar que atiendas a los medios locales, alguna entrevista para el canal interno de la empresa o universidad… Colabora en la medida de lo posible con el cliente. Pero, ojo, también hay que poner ciertos límites, que no te usen de imagen-reclamo para un evento cobrando entrada o de venta de un producto. Lee bien la letra pequeña.

Helperconsejo: Con un ponente profesional y bien elegido, los asistentes saldrán propulsados por la motivación. Si no te sientes cómodo con el formato o con el contenido propuesto, sé honesto y declina.

Conoce el lugar del evento

«El mundo es un escenario, y todos los
hombres y mujeres son meros actores»,
William Shakespeare.

Tanto si ya conoces el lugar donde va a realizarse el evento como si no, llega con tiempo. Una hora de margen —al menos— te ayudará a ponerte en situación y a terminar de perfilar los detalles para que todo salga perfecto. Ya sabes que hay que aparcar, encontrar el sitio, localizar a tu contacto, que te den acceso a la sala, conectar el portátil al cañón de vídeo, probar el vídeo y el audio… Y, sobre todo, que te dé tiempo a idear un plan B por si surgen imprevistos. Que muchas veces surgen.

No es plan de probar el sonido con tu audiencia ya sentada o tenerlos esperando porque algo ha fallado. Acabarán entonando —esperemos que mentalmente— aquello del «que empiece ya, que el público se va…». Si tu intervención forma parte de un ciclo de conferencias, aprovecha un descanso (*coffee break*, comida) para probar todo con calma.

Si cuando llegues ves que los organizadores han montado un rinconcito de tertulia (de lo más instagrameable, eso sí, Chester incluido), vale, hazte una foto de postureo…, pero cuando salgas a impartir tu charla, ¡no te sientes! ¿Todos los ponentes anteriores lo han hecho? Perfecto, así tú te desmarcas. Obviamente si es un debate y todos los panelistas están sentados, va a parecer que habéis jugado a las sillas y te has quedado sin sitio. En ese caso, siéntate, *aserfavó*.

Tienes que comprobar cómo funciona el espacio. Siéntate en la fila de atrás y confirma si hay visibilidad y el sonido llega. Por cierto, importante, habla con los técnicos, gánatelos. Ya te lo hemos advertido, te van a ayudar en caso de que el micro o la presentación fallen. Y, créenos, en muchas ocasiones fallan.

La gente tiene que verte, conectar contigo, y te será más difícil hacerlo escondido detrás de una mesa. Lo mismo con los atriles, si te han puesto uno, prescinde de él. Son una barrera (otra más) que limita la conexión entre el público y tú. Te mueves menos, te ven menos y, en definitiva, te comunicas menos. Si te obligan a usarlo, mantén una distancia que te permita mover los brazos y las manos al hablar y, sobre todo, recuerda no apoyarte nunca en él. Transmite desgana e inseguridad. Y lo peor de lo peor, agarrarte a los micros que salen a modo de antenitas.

¡Rompe las barreras físicas! Es más difícil emocionar a alguien cuando estás lejos, sentado y tras un atril. Recuerda que cuanto más visible y audible eres más probabilidades tienes de conectar con tu auditorio.

Lo habitual es que la conferencia tenga lugar en una sala de reuniones de hotel o en la propia empresa del cliente. Cruza los dedos para que no se pongan creativos y te lleven al zoo, garajes reconvertidos o espacios de moda que no siempre ofrecen la acústica ni la visibilidad deseada.

Helperconsejo: Las sorpresas siempre juegan en tu contra. Ten todo lo que dependa de ti bajo control.

Las relaciones y el respeto por tu público

> «Tengo la sensación de que la noche en que miras a tu público
> y no te ves a ti mismo, y la noche en que el público te mira
> y no se ve reflejado en ti es que todo ha terminado»,
> Bruce Springsteen.

Primera fila vacía, segunda fila, brazos cruzados y miradas dispersas, tercera fila, alguno no suelta el móvil... Acabas tu intervención sin pena, pero también sin gloria. Y piensas: «Vaya mierda de público». Lo mismo —se nos ocurre—, la mierda ha sido tu presentación.

«No encuentres la falta, encuentra el remedio», que decía Henry Ford. Tu público merece todo tu respeto, te está regalando algo muy valioso, su tiempo y, seguramente, su atención. Jamás los subestimes. Da igual dónde estés actuando, da igual el tipo de evento que sea. Si no eres capaz de conectar con tu público, tu conferencia será un fracaso. Quizás estás haciendo lo que siempre ha funcionado, pues hoy no. Actúa en consecuencia.

Lo importante en una conferencia no eres tú o tu PowerPoint de treinta y siete diapositivas. Lo importante es tu público, no lo olvides nunca. Sal con toda la actitud y la pasión de la que eres capaz y con la única intención de aportar valor y ayudar.

Cuida la relación con tu auditorio, esfuérzate, por muy difícil que sea el espacio, las circunstancias..., dalo todo. No traspases ninguna línea roja; sé respetuoso con tus comentarios, prudente con el uso del humor y básate en estos tres pilares: empatía, persuasión y asertividad.

Si te hacen alguna pregunta incómoda o incluso irrespetuosa, evita la confrontación educadamente: «Esto se sale del tema», «si quieres, lo hablamos en privado para no interrumpir la conferencia». Tratamos el tema más en profundidad en breve, no te apures.

Helperconsejo: Muchos te dirán que uses un lenguaje inclusivo para que el público se sienta partícipe. Nosotros no terminamos de verlo, es mejor hablar para todos, pero sin recurrir a artificios del lenguaje. Aunque, de vez en cuando, se está colando en nuestros eventos algún que otro «todes», «todis», «tudes»... Y eso es todo, *amigues*.

La responsabilidad en la comunicación

> «La palabra dicha no vuelve atrás»,
> Horacio.

No estás solo para entretener, los conferenciantes no son —o no deberían ser— vendedores de palabras. Ser *speaker* entra dentro de esas profesiones con vocación social y se involucran en hacer de este un mundo un poco mejor, aunque sea a pequeña escala.

Un buen ponente tiene que impactar positivamente en las personas y acelerar su metabolismo mental, inspirar, movilizar, motivar, hacer reflexionar y emocionar, ayudando a otros a superar y superarse.

Como imaginas, conlleva una gran responsabilidad, pueden transformar y marcar una vida para siempre; por eso, hay que tener la brújula moral bien calibrada. En Helpers Speakers buscamos ponentes que sepan transmitir un mensaje ético y huimos de los charlatanes de feria que intoxican nuestra mente y se permiten dar lecciones que ellos jamás han aprendido.

Dicen que somos esclavos de nuestras palabras, por eso es tan importante saber qué decir, cuándo y cómo. Primicia: las palabras no se las lleva el viento. Piensa antes de hablar y, si es posible, lee antes de pensar.

Helperconsejo: A menudo hemos visto a ponentes adentrándose envalentonados en jardines, sin tener ni idea de horticultura. Pueden ser referentes en alguna materia, pero eso no les capacita para opinar de cualquier tema. Una vez más, responsabilidad y respeto para tu audiencia.

Aprende a leer a tu público

> «Vale más tener buena audiencia que mucha audiencia»,
> Andreu Buenafuente.

Ya hemos visto que no es lo mismo dirigirse a un grupo de adolescentes que hablar a los directivos de las empresas del Ibex 35. No es igual hablar en la fiesta de Navidad que en la presentación de los resultados y presupuestos. No es lo mismo preparar un discurso de ventas que arengar a las tropas en plan William Wallace, bueno, en este caso sí que es prácticamente lo mismo.

Con el *briefing* vas a disponer de herramientas para diseñar tu discurso, pero… ¿qué ocurre si sobre el escenario ves que no te siguen? ¡Algo no está funcionando!

Saber leer a tu público es esencial. Y saber reaccionar a tiempo lo es aún más. Siempre insistimos en que no te salgas del guion, que no improvises, pero tener dos o tres ases en la manga por si fuera preciso recurrir a ellos te va a sacar de más de un apuro. Chistes que no entran, gente despistada, bostezos, alguno que se levanta… y no vuelve. Créenos, persistir en el error es el mayor error.

Aburrimiento, rechazo y cansancio son tres grandes señales de alerta. Estudiar a la audiencia durante la charla y aprender a percibir cómo se sienten es fundamental. Un buen conferenciante debe tener muy desarrollada la intuición, para saber leer a su público, e inteligencia comunicativa, para corregir la trayectoria y evitar una colisión. Adáptate a cada público. Adáptate a cada escenario. Adáptate a cada evento.

Si ves que tu audiencia pierde interés y se distrae, ¿continuarás todo según lo planeado? Ten una comunicación intuitiva, aprende a cambiar el mensaje «en directo» cuando no estés llegando al público.

Helperconsejo: Tu audiencia lo perdona todo, salvo el aburrimiento. Y que te comas todos los dónuts durante el *coffee break*.

Dinamismo y participación del público

Evita el pecado del aburrimiento.
¡Vamos a darle rock and roll a tus intervenciones!

Dale al público contenido interesante, pregunta algo que les despierte la curiosidad (o directamente que los despierte a ellos) y les haga pensar. Es difícil que desconecten si los tienes activos y atentos. Haz que participen.

Agítalos, tienes que ser un poco pirómano y generar un pequeño incendio en la conciencia de las personas, al menos, enciende la chispa. Si no encuentran respuestas, seguramente se lleven un montón de preguntas y, ¿sabes qué?, está muy bien, ese es el objetivo.

Interactuar es una manera maravillosa de mover la energía. Todo lo que pidas —dentro de lo razonable— lo harán. Procura que no se sientan incómodos en ningún momento, eso sí, pero ayúdales a sacar un rato el niño que llevan dentro, siempre funciona, ya que genera endorfinas (asociadas a la felicidad) y archivarán esa jornada como un recuerdo positivo.

Dirígete a tu público y míralos a la cara. No hables para ellos sino con ellos, es muy importante mantener el contacto y no perder a tus espectadores de vista.

Y, hablando de *vista*, el oído y la vista son los dos sentidos más presentes en una conferencia…, pero ¿por qué no intentas implicar al resto? ¿Cómo? Tira de creatividad. Alejandra Vallejo-Nágera, por ejemplo, recurre a veces a la aromaterapia para evocar recuerdos y sensaciones del pasado en un ejercicio de memoria magistral. David Meca y Sandra Sánchez *Kárate* muestran sus medallas de oro para que puedas tocarlas y sentirte olímpico por unos segundos. Cristian Sainz de Marles ha impartido su conferencia con todo el público «cegado» con un antifaz para vivir una experiencia sensorial muy potente y diferencial…

¿Has hecho alguna vez una encuesta durante tu ponencia? Creemos que hay que ser muy ágil en el planteamiento y en el tiempo de respuesta para no cortar el ritmo de la conferencia. Hay muchas aplicaciones que te ayudan a gestionarlo (como Mentimeter o Kahoot!). Hemos visto estadísticas que no acababan de salir y han proyectado en la pantalla resultados parciales o, incluso, ficticios. Es como incumplir las normas de circulación. ¿Puedes hacerlo?, sí. ¿Es recomendable hacerlo?, no.

Nosotros te sugerimos que hagas directamente las preguntas sin recurrir a encuestas farragosas. Es más, haz preguntas cerradas mucho más sencillas de responder con un *sí* o un *no* (a menudo mental). Son un maravilloso recurso que facilita la conexión, añade variedad y promueven la reflexión.

Dirige a tu público y guíalos con maestría, pero sin que se sientan adocenados. No les pongas el caramelito pelado, muéstrales la caja y que ellos escojan. Como sostiene Tom Hopkins (te recomendamos leer su libro *How to master the art of selling*), es mucho más potente que tu público encuentre la respuesta en su interior a dársela tú mismo porque «si lo dices tú lo dudarán, si lo dicen ellos se convierte en verdad».

No lances preguntas excesivamente sesudas y trascendentales. Lo más probable es que oigas el cricrí de los grillos o un carraspeo nervioso. Es muy diferente preguntar «¿cómo podemos solucionar el problema del cambio climático?» a «¿cuántos creéis que nos afecta el cambio climático?».

Procura hacer «peguntas inclusivas» en las que la mayoría del público responda afirmativamente (siempre habrá alguno que piense mentalmente «a-mí-nunca-me-ha-pasado»), pero el objetivo es conseguir un *sí* masivo de tu audiencia que te ayudará a acercarte a ellos.

Instálate la aplicación del sentido del humor, casi todas las conferencias tienen alguna pincelada jocosa. Es el toque mágico que las hace más dinámicas, entretenidas y digeribles. ¡Tómate el humor en serio!

Helperconsejo: Tienes que ser un despertador de conciencias, procura no tener que ser un despertador literal. Así
que..., ya sabes, en tu próxima presentación, ¿soltarás el
ladrillo infumable de siempre?

Hagamos el humor

. . . .

> «El humor es caviar..., no lo extiendas como si fuera mermelada»,
> Oscar Wilde.

El humor es un arma de persuasión masiva, usado de un
modo inteligente y respetuoso, lograrás ganarte al público fácilmente. Además, ayuda a que el mensaje sea más
permeable. Despierta conciencias... y personas, literal.
Cuántas veces hemos visto ponencias soporíferas que dejan anestesiado al auditorio, y cómo un ponente es capaz
de revertir la situación y resucitar al público en segundos.
Por si no te lo hemos dicho suficientemente, ¡debemos evitar el aburrimiento a toda costa!

Si no te sientes cómodo con el humor, no lo uses: el
humor forzado es lo peor. Así que ya sabes, si no tienes
mucha chispa contando chistes no pretendas parecer del
Club de la Comedia, es muy fácil pasar de simpático a *cuñao* patoso. Hay más maneras de llegar a la audiencia, y
desde nuestro punto de vista, hacer que se rían es bueno,
pero que se rían demasiado, no tanto.

El humor es un factor clave para lograr conectar; es la
distancia más corta entre dos personas, pero también un
arma que corta por ambos lados: si lo dominas, hará que
conectes con tu público más que ninguna otra cosa. Si no,
corres el riesgo de abrir un abismo difícil de salvar.

Un buen momento para bromear, por ejemplo, puede ser si te quedas en blanco o te equivocas. Contar una historia anecdótica o las bromas autodescalificativas son recursos infalibles. Otra sugerencia es jugar con lo inesperado, predisponiendo a la audiencia en una dirección para sorprenderlos totalmente. Y otro truco es el llamado *callback*, retomas una broma o comentario que hayas dicho antes, a poder ser con lo que se hayan reído.

Si crees que el humor viene de serie, pues, como en muchas otras cosas de la vida, una parte es talento y el resto entrenamiento. En nuestra Escuela de Speakers tienes a tu disposición el asesoramiento de Ángel Rielo, que ha preparado a varios monologuistas y gente del mundo de la tele. ¡Vamos a entrenar el músculo de la risa!

Helperconsejo: Cuando un ponente sabe reírse de sí mismo, proyecta humildad y logra más fácilmente la atención y aceptación del público. El humor es una de las herramientas más potentes que puedes usar como orador. Así que ya sabes, ¡buen humor *everywhere*!

Lidiar con preguntas incómodas e interrupciones
· ·

> «El público es un hombre que sabe de todo, y de nada entiende»,
> Ludwig Robert-Tornow.

Durante el trascurso de la conferencia o en el turno de preguntas, es muy probable que aquella persona de la quinta fila (que te ha estado observando como si oliera a pedo) levante la mano y haga una pregunta que te coja totalmente descolocado y no sepas qué responder. Son preguntas trampa (sí, esas del «te pillé») o directamente malintencionadas.

Es tremendamente fácil quedarte fuera de juego. Simplemente, contesta la verdad, que no lo sabes, pero que si tiene mucho interés, que te facilite un *e-mail* de contacto y le responderás en el menor tiempo posible.

Si te encuentras con algún *caratruño* entre el público que te hace preguntas malintencionadas, No entres al trapo (sucio) y no consumas tu tiempo y tu energía con un necio, perjudicando al resto de oyentes: «Parece que tenemos distintos puntos de vista, ahora no es el momento para debatir, pero estaré encantado de hacerlo en privado».

Siempre puede haber una pregunta espontánea en mitad de tu exposición y está bien, siempre que no te saque del eje y sepas volver a retomar el hilo. Te ayudará a calibrar la marcha de tu conferencia, pero por norma las preguntas, para el final. Si te hacen más, educadamente (y sin que parezca que estás escurriendo el bulto), pides que te las hagan al final de tu charla. Gestiona bien tu tiempo.

Lo habitual es que llegue el turno de preguntas y se haga un silencio sepulcral. Tira de humor y pegunta tú: «¿Estáis vivos?» Ten en cuenta que, entre tanta gente, normalmente siempre hay un listo revientaconferencias. Y si además sabes de antemano que puedes crear cierta confrontación (que no polémica, que eso son palabras mayores), vete preparado un chaleco antibalas y unos cuantos ases en la manga: documéntate, ten preparadas las fuentes de donde bebes, casos de éxitos o ejemplos concretos que avalen tu argumentación...

Helperconsejo: La forma más efectiva de evitar un gran incendio siempre es arrojar un cubo de agua antes de que salte la chispa. Sofoca los conatos de fuego con sentido común y educación. Agradece, sonríe. Con estas estrategias, la conexión es mayor y se minimiza la probabilidad de crítica, de preguntas incómodas, y contribuirán al éxito de la charla.

Aprende a enamorar a tu audiencia: El arte de hablar en público

«Ponte a ti mismo en tu discurso»,
Dale Carnegie.

«Bueno, pues…, antes de nada…, quiero aprovechar para darle las gracias a…». ¡Error! No desperdicies el potente efecto *wow* con agradecimientos aburridos y formales. Aunque acabes mejor de lo que empiezas, no será suficiente. Tienes que empezar arriba: «El principio es la mitad del todo», que decía Pitágoras de Samos. Ya te lo advertimos en el capítulo «Treinta segundos para romper el hielo».

A estas alturas del libro, ya dispones de herramientas suficientes como para flechar a tu público desde el primer minuto. Seducirlos no es difícil, llevarlos a la cama es más complicado.

Problema-solución es una fórmula que siempre funciona. Pon sobre la mesa un problema que preocupa a tu público y engánchalo con la promesa de una respuesta que luego darás. Es la técnica de la mayoría de los tutoriales de *youtubers* e instagramers, «quédense conmigo y podrán aprender a realizar un *reel* viral usando los audios en tendencia. Y no olviden compartir si les gustó». Aprende de ellos, que no todo lo hacen mal. Como dicen, hasta los relojes parados dan bien la hora dos veces al día.

Cuenta una historia. Es escuchar «érase una vez...» y captar la atención de todos. Pero no cuentes «cuentos» que nos duerman, sino historias vividas en primera persona que aumenten tu credibilidad. ¿Recuerdas el *ethos* aristotélico? No lo nombramos por casualidad.

Conviértete en ese niño que suspendía hasta el recreo antes de triunfar en la vida, en aquel trabajador al que despidieron de un día para otro y se tuvo que reinventar, en ese cliente maltratado que no lograba que le atendiera un técnico... Anécdotas con alma, ejemplarizantes y con las que nos identificaremos todos rápidamente. Ni siquiera el mismísimo Aristóteles te igualará en credibilidad.

Compartir una buena historia personal no solo es bueno para conectar con tu audiencia, además es positivo para ti porque ganarás confianza. Cuando sabes que lo contarás bien y no te olvidarás de nada, porque es tu propia historia, aumentará tu seguridad. Es como saltar con red de seguridad.

Agradece a tu público el regalarte su tiempo, sonríeles como si fueran viejos amigos a los que hacía tiempo que no veías. Es una suerte que cuentes con su presencia y complicidad, házselo saber.

Actualízate, llega a la conferencia con los deberes hechos y menciona una noticia actual, incluso local, la conexión será aún mayor y notarán tu interés y esfuerzo por agradar. También puedes recurrir a hacer paralelismos con un hecho histórico. Por ejemplo, si tienes que dar una charla sobre liderazgo, la primera circunnavegación de Elcano brinda un montón de paralelismos con el mundo corporativo actual, como dejamos constancia en nuestro libro *Una empresa redonda. El viaje de Magallanes y Elcano que cambió el mundo* (aviso para navegantes, ¡es buenísimo!), toda una lección de liderazgo histórico…, y de «historytelling».

Recuerda que tu propósito es aportar valor, inspirar o motivar. Eres un agente del cambio, pon el foco en las acciones que llevar a cabo y las razones por las que deben hacerlo. Carnegie creó una metodología para hablar en público que le convirtió en referente. Sostiene que cualquier persona, con esfuerzo y preparación, puede vencer el miedo de hablar en público, lo que no es tan sencillo es lograr conectar con las personas, resultar convincente y provocar un cambio en tu audiencia. No, no es fácil, pero sí puedes hacerlo mejor a como lo estás haciendo ahora. ¿Nos acompañas?

Cautivar la mente —y el corazón— de las personas, influir en ellos hasta el punto de modificar su manera de pensar, de sentir o sus hábitos es posible, pero no ocurre por casualidad. No todo el mundo reacciona de igual manera, alguno ni siquiera lo hará. Siempre habrá un porcentaje hermético sin predisposición a aceptar lo que cuentas, que estará escuchando con las luces de emergencia encendidas pensando que les quieres vender algo, cuestionará tu nivel de *expertise* o, simplemente, no está de acuerdo contigo. Sea como sea, tienes que asumir que cuando te enfrentas a un auditorio, hay una gran distancia entre el escenario y tu público. Tienes que tender puentes y hacer que crucen por voluntad propia.

Impartir una conferencia no es lo mismo que dar una *master class*, hacer *coaching* o mentorizar a alguien. Debes aprender a manejarte en cada situación —con soltura y solvencia— para lograr influir en los demás, tal vez para siempre. Si te focalizas en aportar valor, el éxito estará casi garantizado. Tu público percibirá enseguida tu entrega y generosidad. Regálales conocimiento, un consejo práctico, un truquito de valor que puedan llevarse a casa. Siempre funciona.

Comenzar contando una historia te humaniza y te acerca al público. Una buena historia despierta el interés, activa el lado emocional de tu audiencia y favorece la conexión. La mayoría de tus oyentes se sentirán reflejados, ya sea por haber vivido una situación similar o porque se hubiesen comportado de igual forma. Nos encanta escuchar historias reales con las que identificarnos o que hagan aflorar emociones. ¡Habla con el corazón en carne viva!

Mantente cercano a tu público. Si es un auditorio pequeño o un equipo de trabajo, trata de recordar sus nombres. Es un detalle que marca la diferencia entre un conferenciante experto y un novato. Recuerda que escuchar nuestro nombre suena a gloria bendita. Por eso es tan importante memorizarlo, cuando recordamos el nombre de alguien, la persona siente que nos importa.

Helperconsejo: Céntrate en lo que tu audiencia necesita escuchar de ti, no en lo que tú quieres decirles. Y hazlo bonito. Enamora a tu público y será mucho más permeable al mensaje.

Buenos días, damas y caballeros. La puesta en escena

«Al entrar al escenario siento miedo. Pero algo encuentro
o algo me encuentra a mí. Antes de terminar la primera
canción ya estoy en otro lado. Del lado de mi público»,
Chavela Vargas.

Ha llegado el momento de la verdad, día d y hora h... Lo
más probable es ni recuerdes cómo te llamas y te quedas
petrificado de lo nervioso que estás. Tranquilo, solo te va
a pasar las primeras quince veces. Tú sales, hablas y ellos
escuchan; la teoría es sencilla, la práctica depende de ti y
de las ganas que le pongas.

Buen momento para recordar las palabras del gran
gurú *mainstreaming* llenaestadios (y llenahisterias), Tony
Robbins: «No importa cuántos errores cometas o lo lento que sea tu progreso, todavía estás muy por delante de
quienes no lo intentan». ¿Le has escuchado alguna vez
hablando desde su atalaya? La energía, la teatralidad, la
emoción que arranca, la soltura... Parece fácil porque
él lo hace fácil. Y lo hace fácil porque ha ensayado hasta la saciedad. No hay ni una sola palabra improvisada
o casual en sus discursos de iluminado. Nada en sus «espectáculos» es humilde: puede estar más de doce horas
en el escenario, hay música, bailarines, ejercicios de caminar sobre las brasas ardiendo... No le falta de nada y,
sin duda, es imposible no sorprenderse con semejante
performance.

Muchos de los oradores profesionales peregrinan una
vez en la vida, al menos, hasta sus espectáculos. ¿Nuestra
opinión?, es muy peligroso jugar a ser Dios. Pero es muy
lucrativo (al parecer).

Emociónate, siente, inspira. Ponle ganas, ponle pasión, ponle fuerza. Puede que te emociones, que se te quiebre la voz. Puede que incluso llores. No te preocupes. El público estará contigo. Más cerca que nunca.

¿Estás preparado? Sales a escena en dos minutos. Imagina que estás en un bar, esperando a tu amigo que se retrasa…, y haces contacto visual con el futuro padre o madre de tus hijos, suenan los violines. Te acercas…: «Hola, soy Francisco Gutiérrez y soy especialista en energías renovables. Hoy quiero hablarte de la descarbonización». ¡*Alea iacta est*! *Alea* no, ale, y a casita a consolarte solo.

Pues si en el escenario no quieres revivir esta sensación de abandono, trabájate el *elevator pitch* que te haga ascender a los cielos de la oratoria. Ya te hemos aconsejado que es mejor que alguien te presente para no renunciar al *efecto wow* del inicio de tu conferencia.

Prepara tú esa breve bío para facilitarla a la organización, un pequeño párrafo (dos o tres frases, no más) con tu introducción para que lo lean literalmente. Al maestro de ceremonias le haces un favor. Facilítales también una foto de calidad y el título de tu charla.

Evita que te presenten con un monótono repaso a tu currículum que parece más bien un formulario de acceso frío e impersonal. Dale una vuelta, seguro que puedes meter algún toque de color entre tanto gris. Tu biografía debe generar interés, aumentar tu credibilidad y allanar el camino para su conferencia. No minusvalores el poder de una buena presentación.

Para mantener la expectación bien arriba, es preferible no nombrar a la persona hasta el último momento (sí, ya sabes, «con todos vosotros…»). Hace que tu público ansíe ese momento. Si ya estás en el escenario mientras repasan tu obra, vida y milagros, puede resultar hasta anticlimático.

No siempre te va a presentar un profesional, lo normal es que sea Mari Carmen, de Recursos Humanos, que probablemente se vea sobrepasada. Agradece el esfuerzo que está haciendo y valora la presentación. Si te ha «licenciado» en Ciencias de la Computación o ha hecho que publiques un libro que no es tuyo... tira de humor pero cuando acabe. No corrijas en el momento y le cortes el ritmo. Procura no hacer sentir mal a la persona que te está presentando y pide un gran aplauso para ella.

Obviamente, una mala presentación puede predisponer al público a un estado de desinterés. Incluso subir tanto las expectativas que cuando te escuchen sea un poco decepcionante. Intenta no pasarte cuando hables del ponente. «Es un emprendedor en serie», «es el número uno cazando unicornios», «no hay nadie como él», «es el gran gurú de las inversiones y un *business angel*... qué digo, un Dios, ¡Antonio García!». Ahora mismo, Antonio tiene un serio problema y el público puede valorar su actuación injustamente debido a las elevadas expectativas.

Si la persona que te presenta se excede con los elogios, intenta desactivarlos: «Muchas gracias, después de esta presentación cualquier cosa que diga os va a decepcionar, voy a tratar de que no sea así».

Aunque seas un supercrack y hayas hecho cientos de cosas reseñables, céntrate en dos o tres y que estén más relacionadas con el tema de la conferencia, a ser posible. A nadie le importa que seas campeón regional de petanca, por muy orgulloso que estés de ello.

Una introducción es eso, un aperitivo, un tráiler. Intenta que no se alargue más de un minuto. Uno de los errores que pueden cometer los presentadores es destripar parte contenido, no desveles más que lo imprescindible para crear curiosidad.

Por descontado, atención a la ropa que eliges para salir a escena. Recuerda que ya lo hemos hablado. Tanto si te preocupa muchísimo el tema como si eres de los que se echa cualquier cosa por encima, el capítulo de vestimenta está dedicado expresamente a ti. No te presentes con una camiseta que ha peleado en más batallas que Mario Bros. Una cosa es ir cómodo y otra parecer que has salido a pie de un país en guerra. Tampoco te vistas como una azafata de congresos para resultar más profesional o de muñeco de ventrílocuo, que da muy mal rollo.

Asegúrate de que quien te presente sabe pronunciar correctamente tus apellidos o aquella universidad de un pueblo de Oklahoma donde realizaste el máster en resucitación cardiopulmonar.

«Muchas gracias a todos, es un honor estar aquí» son palabras que no te puedes permitir, al menos como inicio de tu charla. Te lo hemos dejado ya meridianamente claro, ¿insistes en empezar como todos saludando al público?, recibirás el castigo ejemplar de su indiferencia.

«Sentir gratitud y no expresarla es como envolver un regalo y no darlo», dijo William Arthur Ward. Vale, te sientes moralmente obligado a agradecer la oportunidad y que tus padres estén orgullosos de la educación que te pagaron, pero, de verdad, agradecimientos al final o tras una apertura de nota.

Cuando vemos al ponente quemar cartuchos inútilmente nos da mucha rabia. Y ya lo de «en primer lugar, agradecer» no solo es incorrecto, gramaticalmente hablando, sino que demuestra las pocas ganas que le pones y lo aburrido que puedes llegar a ser.

Por cierto, se agradece de corazón, de un modo natural y sin artificios. Huye de formulismos «señoras y señores», «estimado público» que apesta a naftalina. La mayoría sueltan un «quiero aprovechar la oportunidad para agradecer a…», con lo sencillo y honesto que es decir «gracias a…». Si quieres agradecer, agradece. Y si quieres aprovechar la oportunidad…, ¡aprovéchala!, pero sin dar más vueltas que Magallanes buscando las Molucas.

Helperconsejo: No desperdicies una buena apertura con agradecimientos. Agradece después o en privado. Si quieres dejarlos *superepatés…* ¿Qué tal arrancar con un vídeo potente, solo música y alguna palabra impactante sobre tu trayectoria? Sencillo. Visual. Diferencial. Efectivo. Es un recurso cada vez más utilizado. Llamar la atención del público es imperativo. Sorprenderlos, también.

Qué hacer si te quedas en blanco… o en negro

> «La memoria es como el mal amigo:
> cuando más falta te hace, falla»,
> refrán popular.

¿Recuerdas en el cole cómo nos hacían memorizar todo? Seguro que aún eres capaz de recitar la primera parte de la tabla periódica de los elementos: hidrógeno, litio, sodio, potasio…, pero al llegar al siguiente te atascas… ¿Era *cesio?*

Si te empeñas en memorizar tu conferencia como si de la tabla periódica se tratara, «para estar seguro», de lo único que puedes estar seguro es de que, como te olvides del *rubidio*, será muy difícil retomar el hilo argumental. Además, te aseguramos que hay inteligencias artificiales que resultan mucho más naturales hablando que tú al recitar el texto. No lo hagas.

La primera decisión: memorizar o improvisar. Las dos cosas y ninguna si quieres saber nuestra opinión. Memoriza los primeros minutos y el cierre, estudia también el esquema que vas a seguir y ten claro lo que quieres comentar en cada parte. Eso sí, si eliges «muerte» y decides no preparar nada…, que la suerte te acompañe, amigo.

Si memorizas palabra por palabra, hay un momento (que el estudioso Chris Anderson denomina «el valle inquietante») en el que es imposible que suenes natural, porque estás accediendo de un modo consciente a los archivos de la memoria. Probablemente se te escape algún delator «a ver…», «un momento…», mientras revuelves en los cajones de tu memoria en busca del hilo perdido. Ahí es generalmente donde la presentación dará varias vueltas de campana.

La tensión del momento, el miedo escénico y el estrés harán que tu cuerpo segregue corticosterona, una hormona glucocorticoide… (vale, lo admitimos, no tenemos ni idea de qué estamos diciendo, aquí la especialista es Alejandra Vallejo-Nágera que nos alumbra con su luz), que es la responsable del bloqueo mental, al afectar el hipocampo.

«Se me ha olvidado antes comentar que…». Error. Es más que probable que se te olvide algún punto previsto de tu esquema, pero no lo reconozcas abiertamente, entre otras cosas, porque nadie —salvo tú— se habrá percatado. Mejor habla directamente de aquello que se te pasó, de la manera más natural y directa posible, que no suponga un problema para ti porque para tu público tampoco lo será.

No nos cansamos de recordarte que la preparación es la clave. Menos nervios, más seguridad, menos errores y más confianza. Cuanto más pulas el borrador de tu conferencia, más ajustada estará, con los conceptos precisos, en el orden más coherente. Ese es el momento para memorizar todo tu esquema, no antes. Porque si hay algún cambio, «desmemorizar» es complicado. Al practicar verás que hay palabras que quedan bien sobre el papel pero que resultan forzadas al decirlas en alto. Modifica todo lo que tengas que cambiar hasta que te sientas cómodo.

Incluso hay palabras que se nos resisten al pronunciarlas: resiliencia, idiosincrasia, pneumonoultramicroscopicsilicovolcanoconiosis… La lengua de Cervantes da para mucho, sustituye con un sinónimo. Evítalas.

Por muchas horas de vuelo que tengas, quedarse en blanco puede pasarnos a cualquiera. Lo importante es saber reaccionar. No te bloquees. Aquí van algunos consejos prácticos para que salgas del apuro sin que tu público lo perciba.

Te han hecho una pregunta, has visto a alguien hacer algo que ha captado tu atención entre el público, o directamente estás en la parra… Respira profundo, dile a tu cerebro que estás tranquilo. Repite la última palabra o frase que has pronunciado, «Como os he comentado…», ponte intenso, como si te fueran a hacer una foto…, mirando con tranquilidad al auditorio, juega con la pausa para dar dramatismo y busca las salidas de emergencia. Para tu público esa pausa forma parte del espectáculo. ¿Qué..., nada? Pasamos al siguiente truco, tranquilo.

Haz balance, repasa los puntos clave que ya has compartido. Posiblemente al recapitular y darte ese tiempo, el esquema vuelve a aparecer en tu cabeza. También puedes preguntar al público «¿todo claro hasta ahora, alguna duda?». Si hay alguna pregunta, perfecto. Más tiempo ganado.

Por descontado, tendrás que estar atento a la pregunta y responderla, en un arriesgado ejercicio de prestidigitación mientras rebuscas en tu cabeza el punto perdido. Obviamente, no lances una pregunta cerrada, como hemos recomendado a lo largo del libro (sí, esas que se responden con monosílabos mohínos de adolescente), nada de preguntas retóricas, ¡abre debate!

¿Tampoco eres capaz de recordar por dónde ibas? Como te han interrumpido... te la han dejado botando para decir que te has perdido; pregunta abiertamente: «¿Por dónde iba?». El público será tu aliado. «Exacto, muchas gracias, veo que estáis atentos» (minipunto para ti).

Hay muchos trucos barateros, puedes tener una anécdota o historia preparada «para improvisar». Si es divertida mejor, rebajará tus niveles de estrés. Hagas lo que hagas, sigue hablando... y ¡trata de arrancarlo!, que decía aquel.

Lo sabemos, es un momento horrible. Lo peor que podía pasarte está pasando. Pero no entres en pánico, aparta de un manotazo los pensamientos limitantes como «lo sabía», «no sirvo para nada», «esto me viene grande».

Sabéis que estamos totalmente en contra de leer los discursos o de esos oradores que van con veinte folios de notas. Pero siempre está bien tener un kit de supervivencia. Probablemente no lo vas a usar, pero te da tranquilidad. Como ese Fortasec que llevas en el neceser.

Las notas deben ser eso, notas, apuntes, palabras clave que resuman una idea. No escribas demasiado pequeño (la luz en el escenario suele ser tenue, salvo el cañón de veinte mil vatios apuntando directamente a tu cara), tienes que ser capaz de leer de reojo...

Utiliza reglas nemotécnicas para recordar, organiza tu contenido a modo de historia (la cronología y la sucesión lógica te ayudarán a recordar más fácilmente), crea un mapa mental que te vaya guiando.

Helperconsejo: Si no tienes paracaídas, no saltes. Puedes dejarte la chuleta con el esquema sobre el atril o la mesa y, si pierdes el hilo, acércate a beber y aprovecha para echarle un ojo rápido. Nadie lo notará.

Ensaya tu improvisación

«Se tardan tres semanas en preparar
un buen discurso improvisado»,
Mark Twain.

Todo manual o artículo sobre hablar en público repite el mismo mantra: *preparación*. Sí, incluso al improvisar. Hay personas que confían demasiado en su magia, pero la magia puede volverse negra y darte algún susto sobre el escenario, como acabamos de ver.

Amigo, el cerebro humano no funciona igual en la soledad de tu casa que frente a cien personas mirándote fijamente. Improvisar multiplica el pánico y los nervios (aunque, por otro lado, facilita el tránsito intestinal y la eliminación de toxinas). Cuando las ideas no pasan por montaje, el guion va dando empujones y se nota. Sin una estructura mental clara, es habitual repetir puntos ya tratados. Habitual, sí, pero absolutamente desaconsejable. Sin olvidar que aumenta el riesgo de dejarte algo en el tintero.

Por supuesto, habrá momentos en los que tengas que improvisar, por ejemplo, ante imprevistos como fallos técnicos o en las preguntas. Ahí, como en todo, la experiencia siempre será un grado.

Churchill renegaba de aquellos oradores que «no sabían qué iban a decir cuando estaban sentados, no sabían qué estaban diciendo cuando estaban hablando, y no sabían qué habían dicho cuando se sentaban de nuevo». Y los detestaba porque él fue uno de ellos. Pero supo salir a tiempo y, a partir de un momento «tierra trágame», jamás volvió a dejar margen para improvisaciones traicioneras.

Si tú tampoco quieres divagar, aquí van algunos recursos. Parafrasear siempre es una buena técnica para ganar tiempo y pensar en la respuesta cuando te están haciendo una consulta. Repite en alto la pregunta: «¿Que qué opinión tengo yo sobre…?». Nunca te lances de cabeza al «pues…», «yo creo que…», sin saber qué viene a continuación, porque, lo más probable es que a continuación venga una serie de «hum…», «esto…», «pues…», «ahora que lo pienso», «también…», que te alejarán de esa personalidad interesante que quieres proyectar.

Con el tiempo, vas a ver que las preguntas son siempre las mismas, con lo que tendrás idóneas respuestas improvisadas a cada una de ellas. Como dijo Shakespeare, «las improvisaciones son mejores cuando se preparan». Todos los conferenciantes consagrados tienen un discurso muy planeado ya.

Casi como anécdota, ¿sabías que al cerebro le cuesta menos recordar las cosas cuando se las presentamos en grupos de tres? Usa la «regla del tres», las triadas están tan presentes que a partir de ahora no dejarás de comprobarlo. Por una razón inexplicable, el «tricolon» nos da un aplomo y una seguridad apabullantes: los Reyes Magos; Padre, Hijo y Espíritu Santo; los tres cerditos; los tres mosqueteros...

Establece una correlación de tres elementos, su poder de llegada es mágico: pide tres deseos y cuento tres; un, dos tres, responda otra vez; oro, plata y bronce; *altius, citius, fortius*; rojo, amarillo y verde; por tierra, mar y aire; beso, verdad o atrevimiento; pasado, presente y futuro. El tres tiene la medida justa para ser fácilmente recordable: *liberté, egalité, fraternité;* luces, cámara, acción; sexo, drogas y rock and roll; sangre, sudor y lágrimas; salud, dinero y amor. También funciona en los chistes: un inglés, un francés y un español... Úsalo sin miedo en tus conferencias a la de una, a la de dos, ¡a la de tres!

Helperconsejo: Tanto fuera como dentro del escenario, acostúmbrate a parar ante una pregunta y reflexionar. Tómate unos segundos: para, piensa y habla. Con la práctica, el circuito mental se irá haciendo más ágil, y tú, una persona aún más interesante.

Aprovecha el espacio escénico

«Me muevo, luego existo»,
Haruki Murakami.

¿Recuerdas cómo fue «tu primera vez»? «Ponte así», «haz esto», «me sobra un brazo», «¿esto qué es?». Tu primera salida a escena va a ser un *déjà vu* si no te preparas. Hacen falta varios ensayos posteriores para ir cogiendo confianza, relajarse y disfrutarlo.

Mira cualquier vídeo de un conferenciante profesional. Sus movimientos son fluidos, naturales y coherentes con el discurso. Y ahora, piensa en uno de tantos directivos que tienen que hablar de manera ocasional en algún evento: más tiesos que un jarrón chino, encorsetados, incómodos y tremendamente aburridos por lo general. Para los estándares de su empresa (y la opinión de sus palmeros), son unos cracks, no lo dudamos, pero fuera del entorno de seguridad, hay mucho que matizar.

La fluidez corporal se entrena. Todo se puede entrenar en realidad. Ya lo dice Toni Nadal (no estaría tan convencido si tuviera que entrenar a Raquel jugando al tenis…). Por descontado, con trabajo y esfuerzo, un cierto margen de mejora sí que se logra. Pero no pretendas ensayar en tu casa y luego moverte en el escenario como una cupletista. Objetivos razonables para evitar frustrarnos.

El arte de la oratoria funciona mejor en las distancias cortas. Elimina todas las barreras posibles, acércate física y «espiritualmente» a tu público. Hagamos una pira funeraria con todos los atriles, silloncitos, pufs y esas sillas diseñadas por suecos sin sentimientos.

Victor Küppers ha llegado a sentarse en el borde del escenario al final de la charla. La cercanía y la conexión con el público son máximas. Cualquier otro podría parecer la rana Gustavo, pero en él resulta pura magia.

Si no estás familiarizado con el formato de las *TED talks* —y sientes la necesidad de participar en alguna de ellas—, ten en cuenta que no solo estarás limitado con el tiempo (máximo, dieciocho minutos), sino con el espacio. Tendrás acotado un círculo en el escenario al que te tendrás que ceñir. ¿Nuestra opinión?, estas charlas están más *demodés* que los peinados con laca. No te engañes, no tienes ninguna necesidad de participar. No te va a cambiar la vida.

Salvo en este caso particular o en algún evento puntual en el que se esté grabando, por ejemplo, y tengas que favorecer el tiro de cámara, lo habitual es que te muevas con libertad por el escenario. Siempre hay tendencia a ir más hacia un lado, pero procura ser equitativo. Tienes que ser visible para todo tu público. Eso sí, cuando te muevas, espalda recta. Lo que el *Homo erectus* tardó millones de años en perfeccionar no te lo cargues tú.

Tampoco es recomendable que te muevas de un lado a otro como un mono enjaulado. Sé comedido y natural. Párate en el centro cuando quieras remarcar o lanzar alguna idea clave. Si estás debatiendo entre dos posturas diferentes, muévete a un lado para hablar de una y al otro para tratar la postura contraria. Vas a facilitar que el público —inconscientemente— siga mejor la línea argumental.

Tener una buena disciplina de movimientos no solo va a hacer que te muevas con mayor armonía y naturalidad, sino que va a favorecer que proyectes mejor tu voz. Tienes que caminar erguido, con el esternón abierto manteniendo los hombros relajados, entre otras muchas más cosas. ¿Quieres saberlas? Sigue leyendo.

Helperconsejo: Aunque no siempre es posible, es preferible poner la pantalla en un lado del escenario y no en el centro. Tendrás mayor margen de movimientos. Si usas pizarra o rotafolios, siempre sitúalos en un lateral. Procura no dar nunca la espalda a tu público mientras señalas la presentación, aunque si nos hicieras caso, no deberías explicar ninguna diapositiva.

Aprende a modular y proyectar la voz

> «Las palabras adecuadas tienen exactamente las mismas propiedades que la buena música. Tienen ritmo, tono y acentos»,
> Aaron Sorkin.

Decía el bueno de Aristóteles (sí, la verdad es que da mucho juego) que «el aire es tu alimento y tu medicamento» Una buena respiración es crucial. Aspira profundamente por la nariz, expande gradualmente los músculos del abdomen soltando lentamente al tiempo que vas contrayendo los músculos del estómago. Repite varias veces…, ¡que empezamos!

Aunque es contraintuitivo, la voz suena más fuerte cuando se relaja. Tenemos que aprender a respirar con el diafragma, utilizando la parte superior del pecho para amplificar el sonido y no forzar las cuerdas vocales. Una mala técnica respiratoria hace que forcemos los músculos del cuello, además de utilizar aire residual (ya respirado) para hablar. Y, sí, es lo que hacemos habitualmente si es lo que estás pensando.

Hay bastantes ejercicios para interiorizar la respiración diafragmática y que la realicemos de manera inconsciente. Aquí va uno: selecciona con la mirada un objeto o punto que esté cerca de ti. Comienza a recitar un texto mirando hacia allí. Haz lo mismo con un punto más alejado. Y otra vez. Y otra. Controla el tono, procura no irte a tonos más agudos. Siente cómo proyectas la voz y sale «de todo el cuerpo». Ten en cuenta que proyectar la voz tras una inspiración profunda facilitará que nos oigan hasta las localidades baratas...

El tono monocorde no es nada recomendable, evita caer en la monotonía, varía el tono, imita voces..., ¡dale dinamismo! Y, como el saber no ocupa lugar, te dejamos este concepto, *prosodia*, es decir, saber cómo y cuándo variar la velocidad, el tono y la intención de lo que dices.

Modula tu voz de grulla, no hagas sentir al auditorio que está en el coto de Doñana. Pocas cosas hay más desagradables que escuchar a alguien con un tono estridente y que nos grita (o, por el contrario, que haya que hacer denodados esfuerzos para oírle). Educa tu voz, entrena para proyectarla correctamente; resultarás infinitamente más persuasivo y, por ende, más profesional.

Como todo, una buena higiene postural reduce considerablemente la tensión en la musculatura y, consecuentemente, mejora la respiración. Estar sentado, inclinarse hacia adelante o hacia los lados afecta, y mucho, a nuestra voz. Cuanto más vertical mantengamos la columna mejor; tampoco estar rígidos como si tuviéramos un palo de escoba en el culo, naturalidad; hombros, cabeza y cuello relajados.

¿Te acuerdas de los ejercicios que hacíamos en Educación Física en el cole? Hombros para arriba, hombros para abajo, cabeza de derecha a izquierda, de arriba abajo, etc. Básico y efectivo para liberar la tensión del cuello y trapecios.

Helperconsejo: Carlos Gardel dijo que «no basta con tener la voz más melodiosa para entonar un tango. No. Hay que sentirlo, además. Hay que vivir su espíritu». Lo mismo ocurre con las conferencias, ¡hay que sentirlas, hay que vivirlas!

Vocaliza, por favor

. . . .

«Van a creer que cantamos así porque el virus nos dejó gilipollas»,
Muchapepper.

Vocalizar es muy importante para transmitir adecuadamente cualquier mensaje. Aunque tengas otros recursos que ayuden a clarificar el mensaje, estar escuchando a alguien que no vocaliza y resulta incomprensible hace que el mensaje no llegue, pero sí la desconexión. ¿Acaso no has quitado enfurecido el episodio piloto de alguna serie (seguro que española) porque no lo entendías? Desde aquí un llamamiento al gremio de actores españoles: ¿qué os pasa? Alguno parece que sigue con la mascarilla puesta.

Vocalizar es tener presentes las vocales, pronunciar cada sílaba de manera individual, y saber respirar. No te comas los finales de las palabras, no digas «ejque» y, sobre todo, no aceleres, el exceso de velocidad al hablar en público es casi tan peligroso como en carretera. Tampoco se espera de ti que declames como si estuvieras recitando a Calderón de la Barca, pero, por favor, un mínimo estándar para poder entenderte al menos.

Sentir nuestro punto de apoyo, ya sea sentados (por ejemplo, en el caso de los locutores) o de pie (para hablar en público), y respirar profundamente será básico para vocalizar mejor. Si nos estamos moviendo continuamente, la fuerza que nos da el punto de apoyo se difumina y esto marca la potencia del mensaje.

Mientras impartimos una conferencia, el esfuerzo fonético realizado es considerable. De ahí la importancia de descansar las cuerdas vocales con las pausas, medio segundo entre frases y cinco o más para añadir dramatismo o crear expectación. Ya hemos visto como jugar con los silencios. Cuando estés en acción, aprovecha la proyección de algún vídeo para darte un respiro…, y respirar.

Te proponemos el siguiente ejercicio: coge un texto y empieza a leer vocalizando exageradamente como Audrey Hepburn en *My fair Lady*, «la lluvia en Sevilla es una maravilla…». Repite el mismo texto con los dientes cerrados. Vuelve a leerlo una tercera vez con la barbilla pegada al pecho. ¿Qué, te sientes ridículo? Pues peor aún es estar en el escenario y que no se te entienda.

Helperconsejo: Antes de salir al escenario, coge un corcho y colócalo entre los dientes delanteros. Ensaya tu ponencia intentado que no se caiga. Cuando salgas a escena notarás una mayor fluidez. Los *coaches* holísticos y los seres de luz os podéis dejar el corcho puesto.

Cuida tu herramienta

«Nuestros cuerpos son nuestros jardines:
nuestras decisiones, nuestros jardineros»,
William Shakespeare.

Locutores, actores, cantantes, formadores…, y por supuesto, conferenciantes, todos los que usan su voz para trabajar necesitan cuidarla. ¿Quieres aprender? ¡Pues vamos a ello!

Igual que calentar antes de hacer deporte es fundamental, lo mismo tienes que hacer al salir a hablar en público. Algo tan simple como juntar vocales y repetir «ae, ai, ao, au, ea, ei, eo, eu, ia, ie…» marcará una diferencia considerable. Lo ideal es calentar también la musculatura de la cara. Pon cara de sorpresa exagerando mucho los gestos, luego cara de estreñido. Ahora repite: «Mamamamamamamamama, lalalalalalalalalalalalalalala rarararrararararararararara». También puedes cantar las primeras estrofas de *Bad romance*, de Lady Gaga. Abre bien la boca mientras lo haces. Ejercicios hay mil, trabalenguas, trinos labiales (la pedorreta de toda la vida).

Básico también es que no tomes cosas demasiado frías o calientes, cubrir tu garganta y ser prudente con el aire acondicionado o las calefacciones muy fuertes. No grites, no fuerces la voz o acabarás teniéndola tan ronca que parecerá que llevas todo el día chupando hielos.

Muchos profesionales recomiendan beber un vaso de agua templada con limón por la mañana. El limón tiene poder alcalino y reportará múltiples beneficios no solo a tu voz sino a tu cuerpo. La vitamina C te ayudará a hidratarte, tiene acción antioxidante, favorece la actividad del hígado y los riñones. Otro de los grandes aliados de locutores y formadores es masticar jengibre fresco (sin tragar). Posee propiedades antibacterianas, analgésicas y antiinflamatorias. Muy recomendable también es la infusión de tomillo, la favorita de los cantantes, con un superalimento como es la miel.

En el top uno por evitar, la cafeína y la teína, ya que resecan mucho las mucosas. De fumar ya ni hablamos, claro. Los lácteos tienen el efecto contrario, pero tampoco son recomendables, producen mucha mucosa y crean una especie de telita o velo muy molesto en la glotis. Tampoco se recomiendan las almendras, las patatas fritas... El mentol y el eucalipto siempre se han asociado a descongestionar las vías respiratorias, pero están contraindicados en caso de inflamación de la garganta o las mucosas que rodean nuestras cuerdas vocales. Por cierto, ¡carraspear está prohibidísimo! Abstente de ir a un restaurante mexicano o indio antes de tu ponencia. Las comidas especiadas y el picante no le gustan ni a tu almorrana ni a tus cuerdas vocales (además de aumentar la transpiración corporal).

Trata de comer ligero el día del evento, pollo o salmón a la plancha con patatas asadas o arroz integral es comida de hospital, pero evitará digestiones pesadas, aturdimiento y tendrás energía más tiempo (al ser alimentos de «liberación lenta»). Momento para recomendarte la lectura *Somos lo que comemos, pero lo que comemos puede ayudarnos a ser mucho más de lo que somos*, de Alice May Brock.

Por cierto, chicas y bailaores de flamenco, los tacones dificultan la respiración y pueden pasarte factura al forzar las cuerdas vocales. Al igual que las prendas de vestir ajustadas, que dificultan la respiración natural.

Helperconsejo: Cuando tu cuerpo descansa, tu voz descansa. Ya sabes, duerme siete horas mínimo. Y haz deporte. Y no fumes.

Paralenguaje: emoción, timbre, modulación...

«La gente no recuerda tanto lo que tú dices o haces,
sino la intención con la que lo haces»,
Napoleon Hill.

¿No os resulta apasionante que una misma frase pueda interpretarse como un cumplido o como un sarcasmo hiriente en función del tono (o del «tonito»)? Es la magia del paralenguaje.

Todos hemos escuchado alguna vez aquello de que «no es lo que dices, sino cómo» (con tu cuerpo, con tus gestos, el tono). Aunque nos encantan los grandes titulares (¡el noventa y tres por ciento de la comunicación es no verbal!), al final el mito se ha caído, y la regla de Mehrabian sobre el lenguaje ya está más que superada, aunque se siga citando —mal— hasta el aburrimiento.

Destierra, por tanto, que el siete por cien del lenguaje lo conforman las palabras, que el treinta y ocho por cien, el tono que se usa y el cincuenta y cinco por cien restante es el lenguaje no verbal; es una generalización que no se ajusta totalmente a la realidad. Los estudios de este antropólogo fueron un tanto tendenciosos, se basaron en conversaciones con un alto contenido emocional y no del todo racional. Pero nos quedamos con la esencia, tus gestos cuentan. Y mucho.

El uso del paralenguaje, es decir, de elementos no verbales de la voz, y la kinésica, o lenguaje corporal (que veremos más adelante), se engloban dentro de la inteligencia emocional. La comunicación no verbal es un reflejo de la personalidad de cada uno, la manera de reaccionar, de comportarse. De ser y estar, en definitiva. Hablamos con nuestras cuerdas vocales, sí, pero comunicamos con todo nuestro cuerpo. No lo olvides.

Los elementos paralingüísticos acompañan y complementan al lenguaje no verbal, que se compone de los modificadores fónicos y las cualidades del sonido: tono, timbre o intensidad. Son los siguientes:

Dicción: se refiere a una buena vocalización, como comprenderás, esencial para hacerte entender y no dar pie a malas interpretaciones.

Fluidez verbal: es el ritmo que tenemos a la hora de hablar. Algunas personas parecen una ametralladora. Trata de hablar de forma clara, usando las pausas y los silencios cuando sea necesario.

Entonación: es la modulación de la voz, gracias a ello sabes si te están haciendo un pregunta, afirman, están siendo irónicos, están enfadados...

Volumen de la voz: es otro vehículo indispensable para transmitir emociones y enfatizar. Encuentra el volumen adecuado; ni demasiado alto (denota prepotencia, enfado y autoridad) ni demasiado bajo (inseguridad e introversión).

Timbre: permite distinguir la voz de una persona o el instrumento u objeto que emite el sonido.

Por la voz podemos transmitir mucha información y sensaciones. Todo esto se puede entrenar, graduar y modular, y merece la pena que aprendas a hacerlo. Es una herramienta maravillosa para potenciar tu discurso.

Helperconsejo: Mantente alerta y controla el lenguaje no verbal. Es un terreno donde muchos se han perdido a la hora de comunicar en público.

La magia de la pausa y el poder del silencio: saber cuándo callar es tan importante como saber cuándo hablar

···

«Aquel que no entiende tus silencios lo más seguro
es que tampoco entienda tus palabras»,
Elbert Hubbard.

Seguro que has escuchado más de una vez a Mario Alonso Puig. Es el mago de las pausas, utiliza como nadie el silencio sostenido, sin cerrar la frase, que refuerza su mensaje y proyecta una seguridad y un aplomo inquebrantables. Sus silencios son casi tan poderosos como sus palabras.

Las pausas son como las comas al escribir, incluso pueden modificar el sentido y la intención de una frase. Son una herramienta que vas a tener que aprender a manejar, ya que son un superpoder que desmarca a los conferenciantes profesionales. Por muy potentes que sean tus contenidos, si estás hablando como si recitaras los nombres de los planetas del sistema solar (un minuto de silencio por el pobre Plutón) sin dar un respiro, pierdes puntos en tu carné de orador. Además de transmitir nerviosismo y ganas de salir del escenario cuanto antes.

Da igual que sea *on-line* o presencial, cuando estás hablando en público es importante agregar pausas (unos cinco segundos o incluso más), porque consigues dar un descanso al cerebro de tu auditorio, ayudas a captar la atención y enfatizas esa «idea fuerza». Tú mismo aprovecharás para darte un respiro.

Cuentan que Napoleón esperaba incluso sesenta segundos antes de lanzarse a arengar a sus tropas. Pero, claro, era Napoleón. Saber manejar los silencios y las pausas con maestría va a hacer tu presentación memorable. Puede dar vértigo, especialmente si padeces incontinencia verbal, pero inténtalo. Eso sí, no abuses..., o van a pensar que te comunicas por ondas, como los murciélagos.

Te recomendamos que, cuando vayas a lanzar esa «idea fuerza» que citábamos antes, hagas la pausa antes para generar expectación y después para generar ese anclaje, porque tu público sabrá que es una idea importante (y podrá asimilar mejor los conceptos). Te recomendamos que estas ideas las repitas al menos dos veces de diferente forma. Ya lo aconsejó Churchill: «Diles lo que les vas a decir, díselo y recuerda lo que les dijiste».

Comenzar tu discurso con una larga pausa es un golpe de efecto magistral. No es fácil, lo sabemos, pero pruébalo. Adopta una posición de poder sobre el escenario, centrada, mantente erguido y mira a tu público, observa sus gestos, lee sus expresiones... Empieza a contar mentalmente: «Uno..., dos..., tres..., cuatro..., cinco». Esos segundos, que posiblemente se te harán eternos, lograrán captar la atención de todos. Y si lo siguiente que lanzas es una pregunta impactante, te aseguras un pase a la final.

Si has soltado algún chascarrillo o has arrancado el aplauso espontáneo del público, dales tiempo para reír y expresarse. Muchos *speakers* que recitan su conferencia como la tabla del siete, no dejan espacio para que el público ría o aplauda, y es un gran error, estás mandando un mensaje inconsciente: «si te ríes o aplaudes te perderás lo siguiente que diga» y, sin duda, condicionará sus reacciones posteriores.

Ten en cuenta que, si estás proyectando una presentación, cuando cambies de diapositiva, tu público mirará automáticamente a la pantalla. Dales unos segundos y volverán a prestarte su atención.

Helperconsejo: Recuerda, los silencios también hablan. Se trata de decir lo correcto, de la forma correcta, en el momento correcto. No rellenes tu discurso —en una especie de *horror vacui* verbal— simplemente porque crees que tienes que estar hablando todo el rato.

Oculesia, kinésica, *rapport* y otras ciencias ocultas

«Podemos tener todos los medios de comunicación del mundo, pero nada, absolutamente nada, sustituye la mirada del ser humano», Paulo Coelho.

La oculesia es el contacto —y la comunicación— a través de la mirada. Igual que miras a tu interlocutor a los ojos cuando estás en una conversación de tú a tú, has de proceder igual al dirigirte a tu público. Forma parte del lenguaje no verbal, ese que tanto peso va a tener en la percepción de tu discurso y que puede llegar a ser tan traicionero.

Cuando se dispara nuestro sistema nervioso autónomo simpático, que de simpático tiene poco, perdemos el control de la mirada automáticamente. El miedo hace que retires la vista de aquello que te amenaza: el público. Te escondes tras el atril, bajas la mirada a tus notas o te escudas en las dispositivas de tu presentación. ¡Error, mira a los ojos de tu auditorio!

Hazte, amigo de tu miedo y toma el control. Si no, es imposible que conecten contigo y su atención se perderá para siempre en el universo paralelo (y para lelos, muchas veces) de los móviles.

El auditorio abruma, lo sabemos, por eso te recomendamos que busques caras amigables o familiares, te ayudarán a relajarte y a no perder el hilo. La gran mayoría de los rostros te van a resultar «escrutadores» o, directamente, van a denotar sopor. Busca los más receptivos y no dejes de mirar. Incluso puedes dirigir tu mirada al fondo de la sala, aun sabiendo que no vas a ver nada más que siluetas, pero es fundamental que los espectadores sientan que hablas para ellos, que los involucres.

Con la mirada transmitimos estados emocionales, por lo que ha de resultar amigable... La audiencia te percibirá como un orador cercano al que escuchar. Ignora las caras amenazantes y a los que no prestan atención o parecen estar en total desacuerdo. Cuenta con que habrá una media de un *caratruño* por cada veinte personas.

Lo ideal es distribuir tu mirada por todo el auditorio. Haz un barrido de izquierda a derecha —si la sala es pequeña— o dibujando una *m* o una *w* imaginaria si es más amplio. No muevas los ojos demasiado rápido y mira cada zona alrededor de cinco a diez segundos. Clavar tu mirada en una sola persona hará que se sienta incómoda, sé natural, como en una charla entre amigos. No señales ni apuntes con el dedo, no solo le parece ofensivo a Alaska.

Y ahora le toca el turno a la kinésica, vamos a trabajar tus gestos de poder.

Si hay algo que no quieres que se sepa: ¡ni lo pienses! Vale, tú no estás hablando..., pero tu cuerpo sí. Todos esos gestos y movimientos corporales (casi siempre involuntarios) se conocen como *kinésica* o *quinesia*.

Es primordial utilizar un lenguaje paraverbal adecuado (vocalización, ritmo, tono, volumen, pausas...), como hemos visto, pero además debe ir acompañarlo de un lenguaje no verbal coherente y acorde al mensaje para establecer mejores conexiones con la audiencia. Marco Aurelio ya lo advirtió hace siglos: «Antes de empezar a hablar, procura que en tu rostro pueda leerse lo que vas a decir».

Estarás pensando que es útil para no mostrar debilidad (como los nervios, miedo...) y, sí, pero además de eso, puedes usarlo para potenciar y amplificar tu mensaje. ¿Cómo?, ¡con gestos de macho alfa o mujer empoderada! Y, no, no te hablamos de recostarte en el respaldo del asiento y poner las piernas cruzadas sobre la mesa... Seamos sutiles.

Lo primero, no escondas tus manos, no las metas en los bolsillos, ni te aferres a un bolígrafo o al micrófono ni las pongas detrás de la espalda. Estos gestos denotan inseguridad, falta de transparencia o timidez. Enséñalas y asegúrate de que el público pueda ver tus palmas abiertas o mantén los brazos a los lados del cuerpo, relajados pero firmes. ¡No estés estático como un maniquí!

Cuando estés parado, mantén la posición bien anclada en el escenario, cabeza alta, gestos seguros y confiados. Pies alineados con las caderas y hombros. El estar sobre el escenario ya te da una posición dominante, generalmente a medio metro de tu público. Refuérzalo física y mentalmente.

Si te dan opción a la hora de microfonearte, opta por un micro de diadema para tener libres ambas manos. Si tienes que sostenerlo, hazlo de un modo natural y mantén la otra mano relajada.

Olvídate de poner «hombros de pera» o la espalda curvada…, proyectas tristeza y desgana… Tampoco tengas los brazos cruzados a la defensiva. Mantente erguido, como si tu cabeza colgara de una cuerda imaginaria sujeta al techo. Si estás sentado, no muevas demasiado las piernas. Si las cruzas, procura que circule la sangre y evitarás que, al levantarte, camines como un *walking dead*.

El gesto siempre relajado, sonríe y… ¡no olvides sonreír con los ojos también! Identifica dos o tres personas que te ayudarán con su mirada mientras vas exponiendo (venga, que nunca falta la entusiasta del boli con linterna y la libreta Moleskine): estos «anclajes» pueden ser tu tabla de salvación en pleno naufragio y cuando necesites recobrar tu autoconfianza.

¿Y qué es el *rapport*? Nietzsche ya lo apuntó sabiamente: «Los hilos invisibles son los lazos más fuertes». Pues *rapport* son esos hilos invisibles que te unen a la audiencia.

¿Verdad que alguna vez has tenido conversaciones infinitas y nutritivas en las que parece que el tiempo no pasa? Experimentas una conexión especial con aquella persona. Nos pasa con amigos, familiares, entre parejas o cuando sientes atracción por alguien (aquí, incluso suenan violines), pero también podemos aprender a crear conexiones con personas no tan afines o desconocidos, tu público, por ejemplo. Es el poder del *rapport*.

Es maravillosa la energía que se crea durante esa conversación íntima entre el auditorio y tú; da igual que sea un grupo reducido o un teatro enorme, la sintonía se expande por cada butaca. Es la magia de la comunicación. Tú estás siendo el catalizador de una transformación, pero antes debes ser capaz de abrir mentes y corazones para generar la confianza suficiente para bajar las barreras. Para que ocurra, deben darse tres variables: coordinación, atención y positividad mutua.

Rapport —en la acepción que nos incumbe— viene del francés *rapporter*, «crear una relación». Para conseguir esa conexión empática en un ambiente de confianza y sincronía, debes involucrar tanto tu lenguaje verbal como tus acciones y el lenguaje corporal, del que normalmente no eres consciente.

En las distancias cortas, conseguir el *rapport* supone activar el modo camaleón e «imitar» los gestos de tu interlocutor, sus expresiones, movimientos, posturas, su prosodia emocional, el tono, velocidad y ritmo, y hasta el acento *andalú* si fuera el caso. Gracias a esa particular mímica, podemos sentir lo que siente el otro y conectar de un modo profundo.

Al estar conectados no nos damos cuenta de que estamos mimetizando gestos de la otra persona. Si habla, por ejemplo, de algo triste, tú levantas las cejas y las unes en el centro, mueves las comisuras de la boca hacia abajo y hasta haces pucheritos. Pero… ¿cómo leemos a nuestro público y conseguimos ese grado de conexión?

El ser humano (descerebrados excluidos) tiene tres cerebros: reptiliano, límbico y neocórtex. Cada uno tiene su antigüedad y responde a sus propios estímulos. Resumiendo mucho, el primero es el que te mantiene alerta, es el más primitivo e inconsciente, y solo conoce el miedo y la supervivencia. El segundo, también llamado *mamífero*, es el impulsivo y emocional (sí, el que te hace dar un puñetazo en la mesa de vez en cuando). El neocórtex es el racional, que hace que recapacites, pienses fríamente y tengas que agachar las orejitas en muchas ocasiones.

También podemos hablar de la división de hemisferios: el derecho es el creativo, el responsable del lenguaje no verbal y la intuición, y el izquierdo, es el analítico, el matemático, el preciso, el que usa las palabras para definir.

Los conferenciantes y formadores suelen utilizar el pensamiento racional a la hora de comunicar: datos, estadísticas… (hemisferio izquierdo). Pero ya hemos visto que para comunicarnos al cien por cien necesitamos llegar al corazón del público.

Además, hay otra complejidad añadida: la manera en la que cada persona capta la información. Ya vimos que algunas son visuales y otras auditivas o kinestésicas. Comunicarnos en función de ese sentido predominante determinará el impacto y la efectividad de nuestro mensaje.

Imagínate sobre el escenario, estás compartiendo aquel momento justo en el que te cambió la vida para siempre, haces un largo silencio…, el público se inclina hacia delante en sus asientos para prestar más atención y demostrar su interés… Ese instante de conexión es mágico. Pero ¿qué hacer para establecer un buen *rapport* con tu audiencia? Vamos a sacar la varita y a decir la palabra mágica…: preparación.

Tienes que conocer a tu audiencia de antemano y seguir estudiándola durante tu intervención. Viste como ellos, en su mismo registro, háblales con sus mismas palabras y mimetízate con el público en la medida de lo posible. Recuerda que hay que llegar a todos los sentidos para que la comunicación sea eficaz. No te limites a contar tu historia, ¡llévanos allí, haznos revivirla contigo!

Helperconsejo: No debemos ver en el *rapport* una forma de manipulación perversa, sino una acción que facilita la empatía y la llegada del mensaje. ¡Entrénalo!

Recursos técnicos y muerte por PowerPoint
. . . .

> «Ni sin yunque el herrero, ni sin banco el carpintero»,
> refrán popular.

Una mala planificación de los recursos puede arruinar tu magnífica intervención. Hemos visto ponentes fracasar por causas ajenas a ellos, como una acústica nefasta, micrófonos que se quedan sin pilas, proyectores que no van, luz mal graduada, escenario poco visible... Eso sí, unos recursos bien elegidos y gestionados pueden hacer que salgas por la puerta grande. ¡Vamos a por las llaves!

No sabemos qué mente perversa ideó el PowerPoint, pero merece arrastrar una existencia solitaria y triste. Desde luego que en Helpers Speakers —y cada vez en más empresas— preferimos el PowerPeople y recomendamos que se prescinda del otro o que se use bien, como un apoyo, porque, como dijo Steve Jobs: «La gente que sabe de qué está hablando no necesita PowerPoint».

¿Cuántas presentaciones en PowerPoint se podrán hacer a lo largo del día en el mundo? ¿Treinta millones? Nos atrevemos a asegurar que, la gran mayoría, de pésima factura. Deberían ser una opción y no una obligación, pero el «aquí siempre se ha hecho así» está tan presente que no se concibe hacer una presentación, exposición o conferencia sin una... ¡Pero, *yes, we can*! Siempre hay alternativas.

Si el día *d* el ordenador no funciona, ¿se te caería el mundo encima? Si has respondido que sí, ya te adelantamos que le estás dando demasiada importancia a tus diapositivas. ¿Aun así insistes en usar PowerPoint? Pues hazlo bien. Las diapositivas solo deben ser una ayuda visual y no el foco, especialmente en intervenciones cortas donde meter una presentación (generalmente ramplona y llena de texto) son fuegos artificiales sin sentido. Y cuando juegas con fuego, te puedes quemar.

En algún lugar leímos que la mayoría usa el PowerPoint como un borracho una farola, es decir, como soporte más que como iluminación. No hay nada peor que un ponente que no deja de mirar (y leer) la pantalla. Así que cierra el PowerPoint y abre tu mente. Regla número uno, tu presentación no se lee: se siente. Estamos cansados de ver diapositivas repletas de texto, *bullets points*, fotografías, gráficos, titulares…, ¡y todo en la misma!

¿Has oído hablar de la sordera involuntaria? Si tu público lee, no te escucha, y si no escucha, desconecta, y si desconecta, olvídate de impactar. Además, debes tener en cuenta que leen más rápido de lo que tú hablas. Así que, ya sabes, si lees no conduzcas…

¿Quieres triunfar con tu presentación? Hazla minimalista…, casi zen. Los humanos estamos programados «en origen» para procesar imágenes, no texto. El noventa por cien de la información transmitida al cerebro es visual. De hecho, éste procesa las imágenes sesenta mil veces más rápido que los textos. ¡Hazla visual! Transforma los datos en gráficos, traduce los textos en infografías, usa fotografías a sangre (que ocupen todo el espacio) e incluye el texto mínimo (o ninguno).

Por supuesto, siempre fotos en HD (alta definición), no hay nada más costroso que usar imágenes de baja calidad, mal recortadas o con marcas de agua: transmite una falta de profesionalidad absoluta. Dos buenos bancos de imágenes gratuitos son Pexels y Unsplash, con variedad de imágenes de calidad y sin derechos de autor. Otros son Pixabay, Flickr, iStockphoto y Shutterstock. Y procura que sean fotografías que empaticen y representen a tu público, estamos cansados de *brouchures* en los que las imágenes de trabajo en equipo y empresa suelen ser gente de rasgos claramente americanos de sonrisas perfectas y poco convincentes. Y cuidado con el desangelado efecto del «cromo pegado», dale un poquito de gracia a tus composiciones.

Siguiente error: muchas tipografías. Lo que tú ves como un derroche de creatividad se traduce en falta de armonía y equilibrio. Usa una única fuente y aprovecha todos sus recursos como cursivas, negrita y subrayado. Intenta, igualmente, que no haya más de cinco o seis colores distintos; jugar con blancos y negros es más efectivo. Recuerda siempre que quien tiene magia no necesita trucos.

Usa siempre un tamaño de fuente grande porque, a pesar de lo que se dice, el tamaño sí importa. Tus diapositivas deben ser visibles para toda la sala, si la fila decimoprimera no lo ve, el diseño de la diapositiva está mal planteado.

¿Cuántas veces has escuchado: «Aquí no se ve bien, pero en mi ordenador sí»? *Wow*, ¡qué crack! Enhorabuena, que nosotros no veamos tu diapositiva pero tú sí nos llena de orgullo y satisfacción. Si no se ve bien es culpa tuya. Además, es señal de que no la has probado antes. Si es ilegible, informa del contenido si es relevante y sigue adelante. *Show must go on!*

Si no llevas tu propio portátil, ten en cuenta que no todos los ordenadores tendrán las tipografías que uses, con lo que la presentación se te va a desconfigurar. ¿Solución? Guarda la diapositiva como imagen, reconocible por cualquier sistema operativo. También puedes no hacerte tanto el guay y usar las fuentes que vienen de serie: Arial y Times New Roman son un clásico que nunca envejece. ¿Te gusta Comic Sans?, no te vamos ni a contestar.

La teoría del «cuanta más información, más aprenderán» no funciona aquí. Lanza solo un mensaje por diapositiva, procura incluso que no haya texto. Busca una foto potente que capte la atención. «Pero yo quiero presentar dos ideas», pensarás. Pues haces dos diapositivas. Hasta aquí todo bien, ¿verdad? No uses nunca (y esto quiere decir NUNCA) las diapositivas para recordar qué decir. Confía en nosotros: tienes que saber exactamente cuál es la diapositiva que viene a continuación.

La transición en cortinilla debería estar tipificada como delito. ¡No hagas psicodelia con las presentaciones! Sabemos que tú no eres de esos, pero, por si acaso, usa entre cero y una. Aparecer sí está aceptado para la función de dosificar la información. Aumentar y girar..., no, nunca, jamás. Procura no introducir efectos barrocos que distraigan y resten protagonismo, no aportan, la mayoría son feos (algunas presentaciones parecen atracciones de feria) y la diapositiva tarda décadas en cargarse. Si vuelves a usar una transición con el «desvanecer», el público sí que se desvanecerá.

En la portada de inicio (esa *slide* que estará proyectada durante varios minutos mientras el público se acomoda) y en la *slide* final (fija en el turno de preguntas) pon tus redes sociales, tu web y tu *e-mail* o el de tu representante bien visibles, y el logo personalizando de la empresa siempre es un *must*.

¿Presentaciones en PDF? No, gracias. Es cierto que así no vas a tener problemas de compatibilidad, pero tu presentación va a ser sosa, plana y aburrida. Utiliza PowerPoint, Keynote.

Las diapositivas están pensadas para apoyar y no para explicar, deben reforzar tu mensaje, no repetirlo. ¿Tus diapositivas no se entienden sin tu explicación?, bien, eso te convierte en el activo más importante y tendrás la atención del público; algo valorable en la era del *smarthphone*. La presentación la haces tú, PowerPoint es únicamente tu apoyo. Si escribes una cita célebre, no la repitas. El noventa y nueve por cien de tu audiencia sabe leer y, de hecho, es lo que harán inconscientemente cuando aparezca un texto en pantalla…, ¡no hace falta que lo hagas tú!

«Y como podéis ver aquí» (sacando tu puntero láser molón), no, nunca, jamás. Tu público va a perder más tiempo siguiendo el puntito rojo que prestándote atención. Y, por cierto, si una diapositiva precisa de un puntero para destacar algo, es que está mal planteada.

Empieza a diseñar tu presentación siempre con diseño de diapositivas en blanco y evita plantillas predeterminadas, tendrás más libertad. No te ciñas al esquema *título y subtítulo*. Recuerda que cada elemento que añadas tiene que sumar…, ¡si no aporta, aparta! Huye del *horror vacui* de los fondos devoradores de contenido.

Si en tu presentación hay mucho en juego, recurre a la ayuda de un especialista.

Por cierto (¡mátame camión!), la última diapositiva NO tiene que ser una cara sonriente y un «¡muchas gracias!».

Y les toca el turno a los micrófonos, punteros, pasadores de diapositivas y otros *gadgets*. Los elementos técnicos son todo aquello que el público no aprecia si funcionan, pero que hacen saltar todas las alarmas cuando fallan. Y fallan casi siempre.

Empecemos con el micro. Lo primero de lo que hay que advertir es de que, si vas a coger un micro, aprende a usarlo. Si te dan opción, sin dudarlo, pide uno de solapa. Te dejará las manos libres y resultará más cómodo si no estás habituado, ya que un error de novatos es olvidar acercarse el micro. Sepáralo de la boca, son muy sensibles a tu respiración y ¡los nervios se escuchan! Tu segunda opción ha de ser un micro de diadema, pero tiene que estar bien ajustado a la oreja, si no, puede arruinarte la intervención.

Cuidado también con el cabello largo y los micros diadema o solapa. Para vosotras, pensad en el «momento micrófono» a la hora de elegir vestuario si no queréis que el acto de microfonearte se parezca más a una sesión de sexo tántrico. Un vestido sin cinturón hará que el técnico de sonido tire de creatividad para engancharte la petaca…, no se lo compliques. Por cierto, nada de joyones con poderío o fulares que golpeen en el micro. Cuidado también con los gestos inconscientes al decir «yo» o «nosotros», acompañados de un golpe de pecho como si estuvieras en arrobo místico rezando el «yo confieso».

Asegúrate de saber usar el micrófono y, sobre todo, de probarlo antes de que llegue la gente. Pocas cosas más molestas y menos profesionales hay como un «¿se me oye?». Para micros de mano, lo ideal es mantenerlo a un palmo de los labios, intentando no moverlo (los técnicos lo regularán).

Si puedes elegir, busca libertad de movimientos, tanto de las manos como para tener flexibilidad para caminar por el escenario. Si tu intervención es larga o, incluso, vas a impartir un taller de varias horas, hazte un favor y destierra el micro de mano.

Si tienes la suerte de intervenir en un evento donde el despliegue técnico es hollywoodiense, solicita un monitor de seguimiento o chivato delante de ti. Una red de seguridad que siempre se agradece.

Ya lo dijimos en el apartado de maestro de ceremonias y lo repetimos las veces que haga falta: al llegar al lugar del evento, vete a saludar a los técnicos y agradece el trabajo que hacen. Puede marcar la diferencia más de lo que parece (la presentación no funciona, el micrófono está apagado, etc.).

Las ayudas visuales no son solo las diapositivas. Pizarras, rotafolios, elementos visuales, aparatos…, todo puede llevar tu presentación a otro nivel.

«Aquel cuyo rostro no irradie luz nunca se convertirá en una estrella», que decía William Blake, y es que la iluminación en el escenario es fundamental y no siempre se tiene en cuenta. Lo más habitual es que tengas un cañón de luz —maltratando tus corneas durante una hora— y no seas capaz de diferenciar más que bultos sospechosos.

Lo ideal es que el técnico haga un poco de magia discotequera con las luces y que vaya ambientando en función de tu desarrollo con momentos de mayor o menos intensidad. Pero esto tiene que estar muy orquestado y generalmente no estarán por la labor. Tú mismo puedes apagar el proyector para darle más dramatismo al momento y generar un efecto potente. Así, la atención se centrará en ti y no habrá otra distracción, multiplicando el efecto de lo que digas.

No abuses de las herramientas y recursos que pueden tapar el mensaje. Llegar con margen de maniobra al lugar del evento puede prevenir muchos contratiempos, otros son, simplemente, imprevisibles.

Helperconsejo: El número de diapositivas se debe siempre ajustar al tiempo que tengas para tu intervención. Un buen truco es tener unas cuantas diapositivas «pa por si». Que vas bien, las proyectas de *bonus track*, que te has quedado sin tiempo..., otra vez será (y nadie se habrá percatado de la jugada)

Shit happens. Error 404... not found

> «A quien cuece y amasa, de todo le pasa»,
> dicho popular.

Llega pronto, puede no estar preparada la sala, faltar un cable HDMI..., pero el secreto es tener tiempo para reaccionar. Habrá cosas de las que preocuparse y otras de las que ocuparse, que dirían nuestros queridos *coaches*. Vamos a ello.

¿Y si el proyector falla? Cada vez dependemos más de la tecnología y, consecuentemente, los problemas técnicos crecen exponencialmente. Incompatibilidad o desactualización de programas, se cae la red de wifi... o, por supuesto, errores humanos: el organizador se olvida de traer un proyector, pilas gastadas...

Lleva tu propio portátil y todas las herramientas y accesorios que puedas, así minimizarás las probabilidades de fallos o problemas. Ten presente que los iPads y los

MacBooks no hacen buenas migas con los proyectores, llévate un portátil con Windows y tu presentación en un formato compatible.

¿Cómo evitar una caída de internet?, no usando internet durante la conferencia. Internet, lo justo. Ten los vídeos enlazados en la presentación o, al menos, descargados, y evita entrar en YouTube. Lo más seguro es que compartas la red con cientos de asistentes, que no encuentres el vídeo porque YouTube lo haya eliminado, que se pierda entre las carpetas de tu escritorio… Entonces sabrás lo que es pánico escénico.

Si llevas muchos vídeos, canciones… usa el programa Qlab, es muy ágil para lanzar audio y vídeo en directo. Salir de tu presentación y empezar a buscar rompe el ritmo, distrae y es poco profesional.

¿Qué pasa si todo falla?, pasamos al plan B. Tienes una presentación maravillosa con diapositivas espectaculares, lenguaje corporal controlado y actividades interactivas que epatarán a tu audiencia… Pero no olvides que las cosas pueden salir mal. La experiencia te va a confirmar que la ley de Murphy es tan perra como la pintan.

Día d, las cosas comienzan a ir mal. Has dormido fatal, llueve, te has levantado antisocial y tu cuerpo se compone de cafeína y odio. Empiezan los fallos técnicos, te quedas en blanco, se acaba el tiempo y tú vas por la tercera diapositiva… ¡Adáptate! Días malos los tenemos todos.

Puede suceder, y sucederá, que el ordenador de destino no tenga las fuentes que tú has usado o que la versión del programa sea distinta y, si eso pasa, tu presentación se desconfigura y se convierte en un mojón.

No hay forma de evitar todas las situaciones inesperadas, por lo que lo mejor es tener un plan b o c… (el abecedario tiene muchas letras). Envía tu presentación con antelación, no obstante, lleva un *pen drive* e incluso tu portátil, como te hemos dicho antes. A las malas, tener tu presentación guardada en PDF como último recurso puede sacarte del apuro.

Lleva tu propio mando a distancia y no se te ocurra hacer pijadas de usar el móvil o el iPad como pasador, evita el mando que te ponga la organización (algunos son tan farragosos que lo más probable es que te equivoques cada dos por tres de botón).

Helperconsejo: En caso de problemas técnicos, seguridad —incluso en la duda— ante todo. Lo recomendable es que no interrumpas tu conferencia y sea el técnico quien solucione el problema. Lo primero es confiar en ti y no darle demasiada importancia, puedes recurrir al humor: «Si sigue fallando el proyector pasamos de la presentación y tiro de físico». Toma un sorbo de agua y echa un vistazo al esquema del que has tomado nota y reitera tus ideas. Pide ayuda a la audiencia, ¡les encanta ayudar! Pregúntales por dónde ibas.

Hablar con seguridad y confianza transmitiendo pasión

«La confianza en uno mismo es el primer secreto del éxito»,
Ralph Waldo Emerson.

«O sea», «digamos», «este…», «en verdad», «¿sí o qué?», «tú sabes», «hombre»… ¿Cuál es tu muletilla? Las hay compartidas por todos los hablantes del español (como «mira» o «bueno»), las hay especializadas por zonas («este…», en el español americano), y algunas son propias de una edad (como el desarrollo reciente de «en plan»). Son un vicio del lenguaje que repetimos más por hábito que por necesidad.

Las muletillas te van a restar autoridad como ponente, denotan falta de preparación o falta de conocimiento. Definitivamente, NO a las muletillas y modismos nerviosos, es preferible tomarnos unos segundos para pensar la próxima idea, en lugar de «ehhh», «esteee», «¿no?», «pero…», «a ver», «¿me explico?», «o sea», «hummmm». ¿Cómo evitarlas? Preparando tu discurso. Sí, otra vez.

Hay que ejercitarse: utiliza frases puente que te darán tiempo para procesar la mejor respuesta en tiempo récord (por ejemplo: «Es interesante lo que usted consulta», «Sin embargo, me gustaría puntualizar que…»).

Cuando hablamos pausadamente y con tiempo para reflexionar, el cerebro no necesita llenar esos espacios vacíos con muletillas. Además, es más probable que las uses cuando estás improvisando, la mayoría salen cuando tu cerebro está buscando esa palabra que se resiste. Pero reconciliémonos con ellas y no te obsesiones en eliminarlas del todo, ya que puedes sonar robotizado. Intenta minimizar el impacto. Si antes de responder una pregunta o dar un ejemplo sueltas un «ehhh», hará que suene improvisado y natural, por mucho que tengas tu arsenal de respuestas a la carta.

En línea con las muletillas tenemos los conectores gramaticales (transiciones), que son ese rastro de miguitas de pan que tu público va a seguir, une los elementos de tu presentación y te ayudan a no perder el hilo. Cada idea debe enlazar con lo anterior, esa es la función de los conectores. ¡Tu audiencia lo agradecerá! Sirven para relacionar conceptos similares («lo mismo ocurre con», «es igual que...»), refuerzan la argumentación («por otro lado», «podemos ver que...», «además de esto...», «imaginaos que...», «si por ejemplo...»), enumeran conceptos («por un lado», «por otra parte...»).

Helperconsejo: No cargues tu presentación de contenido ni improvises ni quieras explicar mucho en poco tiempo, vas a hablar de manera atropellada y hará que abuses de muletillas.

Empatía, persuasión y asertividad

> «La persuasión no consiste en que los demás hagan lo que yo quiero, sino en que quieran hacer lo que yo quiero que hagan»,
> Winston Churchill.

Hablar en público es relativamente sencillo. Convencer al auditorio es mucho más complicado.

Dale Carnegie fue la figura más destacada en el siglo pasado en materia de oratoria, sus libros lo convirtieron en el gurú de la comunicación persuasiva. Propuso cambiar la organización clásica del discurso (introducción + nudo + desenlace) por esta otra: ejemplo + llamada a la acción + beneficio/recompensa.

Vamos a analizar cada uno de ellos. El ejemplo es una anécdota, un acontecimiento. Se hace indispensable que esté relacionado contigo y que sea real. Lleva a tu audiencia allí, aporta todos los detalles que sean necesarios para que te acompañen en ese viaje. La llamada a la acción son las indicaciones o peticiones al público para que hagan algo concreto: compra mi libro, deja de comer gluten, camina todos los días, recicla. Tiene que ser breve y concisa, sin divagaciones y con una promesa de beneficio: ¿eres de acción o de sillón?, ¿ves la vida pasar o haces que la vida pase?

Hay que diferenciar entre persuasión y manipulación. Aunque el resultado es el mismo, la motivación y las herramientas son distintas. *Convencer* o *persuadir* (según la Real Academia de la Lengua) es lograr «inducir a alguien a que haga algo o cambie de opinión sobre algún tema apelando a la verdad y teniendo en cuenta su bienestar». *Manipular* es usar la mentira buscando únicamente el beneficio para uno mismo que, lamentablemente, está más presente sobre los escenarios de lo que parece.

En Helpers Speakers apostamos por los conferenciantes que hablan desde la empatía y la pasión, queriendo sumar. Comunica siempre tu deseo de aportar valor y haz saber a tu audiencia que te ayuda a crecer a ti también. Sin duda, ayudar a otros a desarrollar sus habilidades te ayuda a mantener las tuyas bien afiladas.

La pasión es sin duda una de las características fundamentales que todo conferenciante debería tener. La pasión se refleja en la expresión no verbal: en el tono de voz, la mirada, los gestos, la determinación a la hora de hablar.

La mejor manera de transmitir un mensaje es a través de la emoción y aquellos conferenciantes que disfrutan hablando de un tema consiguen conectar con su público. Si esto no existe, la charla puede tener el efecto contrario al deseado. Alejados por completo de «una persona que hable bien», las empresas y organizaciones buscan referentes que puedan aportar valor a través de su experiencia y su profesión.

Personalizar tus conferencias. Cuando hacemos un taller, una formación o una charla debemos hacer sentir a los asistentes que esa charla está cortada a medida. Evita la sensación de charla precocinada. Crea empatía incorporando elementos «locales» en tu discurso, haz guiños, usa el nombre de las personas, hazlos protagonistas.

Helperconsejo: «Creo», «me parece», «más o menos», «aproximado...» no son expresiones que ayuden a sonar convincente y seguro. Transmite seguridad, es indispensable para obtener una respuesta positiva de tu público. Usa lenguaje asertivo, «te ayudo a desarrollar tus capacidades», «comparto mis secretos para...».

Ovación cerrada: conclusión, solución
....

> «El aplauso crea una responsabilidad permanente»,
> Mercedes Sosa.

Y llegamos al fin de fiesta. Comprobarás que hay tres tipos de discurso: el que preparaste, el que diste y el que te gustaría haber dado.

Antes de dar tu discurso público, has construido un mensaje, un mensaje que has trabajado durante días, tal vez semanas, has usado historias y has argumentado apelando a la lógica y a las emociones. Has trabajado todos los elementos del discurso y, ahora, cuando llega el final, ¿acabas con un «muchas gracias por vuestra atención»? *¡Come on!* ¿Es la mejor manera de acabar? Definitivamente, no.

El público tiene que saber que estás finalizando y toca aplaudir, avisa para recuperar la atención de algún despistado: «Y para ir concluyendo...». Cuando ya no haya más preguntas, evita acabar con «bueno, pues..., eso es todo (amigos)». Si fueses una superestrella del rock, ¿con qué canción acabarías? ¡¡Pues eso, *greatest hit*!! Huye de los finales anticlimáticos, es la parte más importante de tu presentación (junto al inicio) y que más suele descuidarse, así que prepara un buen cierre que ponga el broche de oro.

Hay que acabar con fuerza, dejarles con ganas de más, invitar a la reflexión, terminar con una pregunta, un desafío o una frase a modo de conclusión y una CTA (*call to action*, «llamada a la acción») destinada a que tu público cambie de vida, se comprometa con la empresa, compre tu libro... La estrategia del cierre circular consiste en retomar algo que hayas dicho y usarlo para cerrar. Es muy efectiva para discursos persuasivos.

Ahora sí, es el momento de agradecer a todos su asistencia y participación y a tu anfitrión por haberte invitado. Huye de la manida frase «ha sido un placer». No hay nada malo, lo malo es que sean las últimas palabras. Sé creativo y haz un agradecimiento original.

Steve Jobs siempre acababa sus presentación con un *«one more thing»*, que se convirtió en la marca de la casa. Ten tu propio sello y pon un broche de oro.

Prepara una música potente, vídeo o imagen para el final, y que las luces vuelvan progresivamente a sus niveles normales. Generalmente, es el momento en el que los conferenciantes deportistas ponen el vídeo de la competición en la que lograron la medalla que cambió sus vidas para siempre. Grabaciones repletas de emoción y magia y en las que la gente rompe a aplaudir. Disfruta de tu aplauso, te lo has ganado. Tú también puedes devolverles el aplauso. Bola de partido para ti. Y ahora, a tomarte una cervecita con un poco de *carpe diem*, que te lo has ganado.

Helperconsejo: Hay que dejar algún recurso para la traca final. Refuerza la idea principal, una frase mágica que condense tu discurso a modo de cierre es el chimpún final perfecto. También debes recordar dónde pueden encontrarte a ti y a tus libros. Como diría Ángel Rielo: «Podéis seguirme por las redes, por la calle no, que me da miedo».

Ruegos y preguntas... (también incómodas)

«Conviene siempre esforzarse más en ser interesante que exacto;
porque el espectador lo perdona todo menos el sopor»,
Voltaire.

«¿Alguna pregunta?». Se hace el silencio en la sala, se masca la tensión en el ambiente, momento incómodo... ¿Por qué no pregunta nadie? A algunos les da pavor hablar en público, a otros no les ha quedado ninguna duda. Otros, efectivamente, no se enteraron de nada porque desconectaron en el minuto veintiuno. Eso sí, con cada pregunta que te hagan, habrá tres o cuatro asintiendo con la cabeza porque estaban rumiando la misma duda sin atreverse a expresarla.

Si nadie se anima a preguntar, haz tú mismo la aclaración: «Algo que suelen preguntarme es...», y respóndete. Habrás roto el hielo, y si después dices: «¿Quién quiere hacer la siguiente pregunta?», el público se sentirá más cómodo para lanzarse. O directamente arranca con un «¿Quién quiere hacer la primera pregunta?», dando por hecho que habrá varias y fomentando la participación.

Piensa de antemano en qué preguntas pueden surgir y prepárate para ofrecer buenas respuestas. Comprobarás que generalmente se repiten en el futuro. Sé natural en la respuesta, que no suene mecánica.

Repite la pregunta que te han hecho, además de asegurarte de que lo has comprendido, te dará tiempo extra para preparar una respuesta. Pregúntale el nombre a la persona para dirigirte a ella, pero no dejes de mirar al resto del auditorio, tus respuestas son «para todos los públicos». Has de ser breve y conciso. Es más, seguro que se están haciendo pis y quieren que termines.

Si no tienes la respuesta, reconócelo abiertamente y de la manera más sincera: «Lo miraré, me parece muy interesante, pero ahora mismo lo desconozco. Déjame luego tu *e-mail* y te daré la respuesta cuando lo haya investigado». Y, sí, efectivamente, siempre hay alguno en busca de la pregunta del te pillé.

Si tienes la respuesta pero no es del agrado de la persona, no caigas en la trampa del debate, ¡no es un juego de ping pong! Sé asertivo y respetuoso en todo momento, cuestiona la idea, no a la persona que la ha planteado. Aunque es la mejor manera de perder el hilo, puede que permitas preguntas durante tu conferencia. En ese caso, avisa. Lo mejor es dejarlas para el final, porque nadie te interrumpirá, tu intervención será mucho más fluida y seguramente, las preguntas serán más interesantes, ya que el público ha tenido tiempo de madurarlas. Quizás alguien traspase alguna línea roja y te pregunte algo demasiado personal, que no guarde relación, malinterprete o se dirija a ti de un modo improcedente, nunca debes perder los nervios: «Creo que no es de interés general, pero estaré encantado de responderte en privado», «Me he debido expresar mal, lo que quería decir...».

Evita las respuestas agresivas e intimidantes tipo «lo he explicado antes...». Recuerda que la mente humana suele tener escucha intermitente. Ten paciencia. También hay probabilidad de que no haya quedado tan claro como piensas. Sé humilde. Existe una alta probabilidad de que no lo hayas explicado suficientemente bien.

Cuidado también con los listos que aprovechan, en lugar de solventar dudas, para obtener una consulta privada. Haz un regate o que contacten contigo de un modo profesional.

Helperconsejo: No dejes que la respuesta a una pregunta sea el cierre de tu conferencia. Cuando hayas respondido a la última, recupera tu mensaje principal y repítelo a modo de frase final.

Atiende a tu público al final de la charla

> «Haz lo que haces bien que la gente volverá
> a verte, y se traen a sus amigos»,
> Walt Disney.

Lo que te espera una vez finalizada tu conferencia es mágico. Especialmente, si nunca lo has vivido. Es indescriptible la sensación de verte rodeado de personas dándote la enhorabuena, comentando aquello con lo que han conectado, pidiéndote que les firmes el libro o que te hagas una fotografía con ellos. Disfruta del momento: las reacciones de la gente, los comentarios que te hagan en persona y por las redes. ¡Te lo mereces!

Por supuesto, cuando acudas a un evento, educación y humildad ante todo. Nosotros aconsejamos que atiendas a tu público al final, cuando la energía está más alta y tú no tienes los nervios previos.

Cuidado con los acaparadores. Ya te avisamos en el capítulo anterior. Los tenemos muy localizados en conferencias de profesionales del ámbito médico (como las de Mario Alonso Puig, Alejandra Vallejo, Pedro García Aguado...), porque en lugar de dar un *feedback* sobre la ponencia, buscan asesoramiento gratis. Por favor, los ponentes no están para eso (no, al menos, en ese momento) y hay mucha más gente esperando a saludarlos. Ten consideración si eres uno de ellos.

Por lo general, la gente siempre es amable y respetuosa; alguna vez hemos tenido que intervenir y rescatar al *speaker*, pero han sido contadas ocasiones con los dedos de la mano. El ponente suele mostrar una paciencia infinita, salvo algún caso aislado, de quien, con la excusa de tener que coger un tren o ir a otro evento, ha salido corriendo sin atender absolutamente a nadie, ni siquiera despedirse de la organización. Por supuesto, no había ningún tren que coger, pero sí uno que perder: el nuestro.

Las fotos de tu ponencia valen su peso en oro; pide a tu contacto que te las facilite. Atento también a las reacciones en las redes. Si quieres sacarle la máxima exposición posible a tu conferencia, crea un *hashtag* y pide a los asistentes que lo utilicen y te etiqueten. No pierdas de vista los comentarios que hagan *a posteriori* tanto *off-line* (entre ellos o contigo mismo) como *on-line*: comentarios y menciones en redes sociales, opiniones, vídeos, etc.

Helperconsejo: Ser mediático te abrirá muchas puertas, pero ser agradecido las mantendrá abiertas. Humildad cuando las cosas te van bien, cuando van mal es fácil.

Solicita *feedback*

....

Seguro que tienes en la cabeza la típica escena de las películas cuando, al día siguiente del estreno de la obra teatral, van a leer las críticas de la prensa. Puede ser un jarro de agua fría, pero, seguramente, te ayudarán a corregir muchos detalles de los que ni siquiera has sido consciente. Que solo te duelan las críticas de gente a quien respetas.

Sin duda, el *feedback* («retroalimentación») de tu audiencia —y de tu entorno— es esencial para mejorar. Muchas empresas realizan encuestas de satisfacción. Asume el resultado con humildad (y dignidad). Si no es así, pide tú el *feedback*. Recuerda siempre que no es (o no debería) ser descriptivo de quién eres, sino de cómo te ven. Si te vienen a felicitar es que lo has hecho bien. Créetelo.

De nada vale que tu equipo o familia te diga que eres el mejor. Tener un *feedback* sincero te ayudará a crecer como ponente, acepta las críticas constructivas y alguna que otra destructiva, son parte esencial del proceso de crecimiento. El positivo siempre es un chute de energía y la constatación de que vas por el buen camino. El *feedback* desfavorable o de mejora te ayudará a que la siguiente sea casi perfecta.

Preguntar qué ha gustado y qué podíamos hacer para mejorar es básico si estás en fase de prueba-error. ¿Se ha grabado en vídeo? Mejor; revisa las imágenes buscando tics y fallos. Si sientes que estabas nervioso, consulta a ver cómo te encontraron. Seguro que parecías mucho más tranquilo de lo que piensas.

Helperconsejo: Obviamente, escuchar lo que hacemos bien le encanta a nuestro ego, pero estar dispuestos a escuchar y aprender de nuestros errores es lo que conduce a la mejora.

MONETIZA TU *EXPERTISE* Y DA EL SALTO AL PROFESIONALISMO

«Siempre que te pregunten si puedes hacer un trabajo,
contesta que sí y ponte enseguida a aprender cómo se hace»,
Franklin D. Roosevelt.

La gran mayoría de los conferenciantes que están invadiendo la escena no se lo toman como un trabajo a tiempo completo, sino como un negocio, al menos no a largo plazo. Si es tu caso y para ti ser *speaker* es un *hobby*, un complemento o una ocupación temporal mientras encuentras algo (sí, últimamente el mercado parece un cementerio de elefantes), no vivirás de esto. Ser conferenciante es una profesión. Es más, es una forma de vida.

¿Cómo conseguir que te contraten? Ante todo, paciencia, te rechazarán mil veces, te darán varios portazos en la cara, preguntarán y desaparecerán... Si te han rechazado, no te rechaces tú. Lo más operativo es buscar una agencia que te represente.

Identifica el sector en el que vas a focalizarte: empresas, fundaciones, educación... Conseguir el contacto de la persona que decide no es fácil. Si lo tienes localizado, envía una propuesta de colaboración postulándote que contenga una carta muy breve de presentación y el dosier (breve bío, trayectoria profesional, temática, *link* a un vídeo en el que puedan valorarte como conferencian-te...). Ten en cuenta que la gente no lee, es así. Sé breve, visual y conciso.

Helperconsejo: Nunca está de más el *social proof* o prueba social. ¿No haces tú lo mismo a la hora de elegir restau-rante? Intenta conseguir testimonios de clientes satisfe-chos, críticas positivas en Google, recomendaciones en LinkedIn..., todo suma.

Agencias de representación

> «Si quieres ir rápido, ve solo.
> Si quieres llegar lejos, ve acompañado»,
> proverbio africano.

Contar con el respaldo de una agencia de representación abre un panorama mucho más amplio que el que pueda manejar uno mismo. Además, en el momento de nego-ciar o declinar compromisos incómodos son un elemen-to indispensable.

Cada agencia tiene su *modus operandi* (y su «código éti-co», todo sea dicho de paso). En Helpers Speakers nos gusta establecer relaciones de confianza con nuestros con-ferenciantes, y muchos de ellos han acabado siendo ami-gos. Nosotros no pedimos exclusividad —porque somos honestos y no te podemos asegurar un volumen de tra-bajo como para que así sea—, aunque muchos han opta-do por estar solo en Helpers por la relación personal que nos une y por su mala experiencia con otras agencias. Y nosotros, por supuesto, se lo agradecemos de corazón y volcándonos (incluso más si cabe) en cada oportunidad de colaboración.

En Helpers no cobramos por estar en el dosier, y no engañamos a los clientes con un top cien fraudulento (que ya debe andar por el top tres mil quinientos...), previo paso por caja. También somos muy transparentes con los cachés, valorando cada oportunidad individualmente, y sin decirle un precio a la baja al conferenciante para meterle un incremento sustancial al cliente final. Lamentablemente, esta mala praxis es la habitual y todo el mundo se queda con algo entre las uñas, especialmente cuando se suma una empresa organizadora de eventos por medio.

Os sorprendería saber la de trabajos que han perdido los ponentes que están en las agencias de la competencia, especialmente en una de ellas, por negligencia y soberbia de los representantes. Cuando tienen a alguien en exclusiva y nos lo solicita expresamente el cliente, nos hemos dirigido a la agencia directamente. En la mayoría de los casos, ni nos responden. Y otras veces hubiera sido mejor que no lo hicieran, porque los presupuestos que nos pasan son para mandarles a esparragar.

Nosotros apostamos por trabajar codo con codo —y no a codazos—, pero no siempre es posible y, con algunas agencias, ahora ni siquiera nos molestamos, declinamos la petición o proponemos perfiles alternativos que, generalmente, acaban siendo contratados. Este mundo es muy pequeño, y todo acaba saliendo a la luz. La mierda que esconde este negocio bajo la alfombra da para otro libro.

Negociamos con el cliente, gestionamos los detalles y solemos acompañar al ponente durante el *briefing* y el día del evento. Disfrutamos muchísimo ese momento mágico, y los *speakers* se sienten más confiados y respaldados: solo se tienen que concentrar en su conferencia, taller o actividad de *team building*. Como no tenemos una gran estructura, nos implicamos personalmente en el proceso de principio a fin. Eso nos permite ser muy competitivos —y justos— con las tarifas.

Nos encanta nuestro trabajo, por eso es tan difícil competir con nosotros. Pero, a veces, resulta muy ingrato hacer todo el trabajo de asesoramiento con el cliente para buscarle las opciones que mejor encajan para ver cómo finalmente nos saltan y contactan con el ponente que les interesa en directo. La falta de ética es total en muchas personas. Comparamos nuestro día a día con estar en una tienda donde entra mucha gente a curiosear, pasamos la jornada enseñando la ropa y doblándola…, para que, muchas veces, se vayan sin comprar y sin despedirse, que es peor.

Por favor, si vas a trabajar con una agencia de representación, respeta su trabajo. Nos ha pasado (una vez y no más) decirle el nombre del cliente al ponente y ver, atónitos semanas después que ha hecho el trabajo dejándonos al margen. Sí, algunas personas dan más sorpresas que los huevos Kinder. Casi es indiferente si el ponente había contactado directamente con ellos para ahorrarse la pequeña comisión, o porque el cliente nos ha saltado y el ponente se ha hecho el loco. Jamás volveremos a trabajar con él, por supuesto, y ambos (ponente y agencia) han dejado de aportar a nuestras causas solidarias.

A diferencia de la mayoría de las agencias, no suponemos un incremento en el precio final del cliente, tenemos pactadas las mismas tarifas que ofrece el ponente en directo en la mayoría de los casos.

Una agencia es mucho mejor que un matrimonio de conveniencia no es solo un intermediario; tanto para los conferenciantes como para el cliente, la relación es de *win-win*. El cliente va a disfrutar de todas las facilidades al tener a un único interlocutor (que conoce bien el mundo de los eventos y puede aconsejar, agilizar y resolver imprevistos como la enfermedad repentina de un ponente), además, implica dar de alta como proveedor a una sola empresa, y no a todos los conferenciantes colaboradores en sus eventos. El *speaker*, igualmente, se quita del medio con temas engorrosos como logística, facturas y, a su vez, una agencia es seguro o garantía de cobro.

¿Cómo acceder a las agencias de representación? Lo más seguro es que no te hagan ni caso si no muestras el dinero por delante. Es la triste realidad. Repetimos, nosotros no cobramos peaje, pero parte muy importante de nuestro prestigio es el selecto catálogo que tenemos. No serás el primero que llama a nuestra puerta ofreciendo más de lo mismo. No queremos tener un dosier inmenso e inmanejable y perder visibilidad. Ofrece algo novedoso y que aporte valor. Busca tu propia voz.

Recibimos cientos de peticiones al mes y no, no podemos tomarnos un café con todos ni escuchar más veces eso de «he encontrado mi propósito de vida, mi para qué». Y si hay algo que nos cabrea sobremanera, es que nos llames y nos sueltes «os sigo en las redes» cuando no has interactuado ni una sola vez con ninguna de nuestras publicaciones. O, al contrario, el día que nos vas a contactar te pones a dar «me gusta» compulsivamente... Sé inteligente. Sé visible. Sé sutil.

Además de las conferencias, talleres y actividades de *team building*, un buen agente te puede conseguir otras oportunidades laborales, como colaborar en campañas de *marketing* y lanzamiento de productos, ser imagen de alguna marca… Desde Helpers Speakers siempre estamos buscando la manera de darles difusión a los conferenciantes, por ejemplo, cuando lanzamos nuestro primer libro (*Una empresa redonda: el viaje de Magallanes y Elcano que cambió el mundo*) les pedimos a varios de ellos que colaborasen en capítulos relacionados con sus historias de vida. O en la serie de televisión *El camino interior* (TVE, TVE2 y Movistar), en las que, además de ocuparnos de la documentación y guion (y participar en el rodaje de toda la serie), aportamos a casi todos los «caminantes» (fue un proyecto solidario) y ha tenido una repercusión inmensa en el mundo hispanohablante, que les ha aportado una gran visibilidad.

Cuanto mayor sea la afinidad entre el ponente y su agente, mejor. Obviamente, nuestra relación no es igual con todos, con algunos ejercemos más de amigos que de representantes. Tenemos una sala VIP en nuestro corazoncito para aquellos Helpers a los que más admiramos, queremos y, por supuesto, vamos a prescribir con más regularidad porque confiamos en ellos cien por cien. Y la confianza hay que ganársela por ambos lados.

En Helpers Speakers cuidamos mucho la promoción y visibilidad de nuestros conferenciantes, aunque no estén en exclusiva. Artículos de prensa, menciones en entrevistas de radio, televisión, redes sociales, newsletter… No somos una agencia al uso, por eso, muchos quieren que los llevemos en exclusiva.

No nos retrases, tenemos un tiempo de respuesta récord que valoran enormemente nuestros clientes, no nos tengas dos días para confirmar disponibilidad. No te saltes a la agencia. No nos llames por teléfono para proponerte como candidato intrusivo, trata de acudir a eventos donde puedas hacer un *networking* sano y distendido.

Algunas agencias, cuando les pedimos disponibilidad de uno de sus ponentes en exclusiva, no nos responden, forzando a que el cliente final recurra a ellos, y lo que suele pasar, es que el trabajo lo pierde ese ponente porque hemos propuesto otros perfiles que les han encajado.

Helperconsejo: ¿Recuerdas aquello que de una boda sale otra boda? Pues lo mismo suele pasar con las conferencias. Recuerda quién te brindó la oportunidad de llegar a ese cliente, es una regla no escrita del mundillo.

Ponle precio a tu cabeza

«En los días que corren la gente sabe
el precio de todo y el valor de nada»,
Oscar Wilde.

Al principio puede ser que no te paguen mucho por una conferencia, de hecho, van a intentar no pagarte nada. Sin embargo, conforme vayas ganando experiencia, autoridad, seas más conocido y tu trayectoria de orador se vaya consolidando, puedes ponerte en valor e ir subiendo el precio. Te van a preguntar que dónde está tu libro, así que, ya sabes, vete trabajando en ello si aún no has publicado.

Mejor que otro negocie por ti, profesionalizar y evitar abusos. No obstante, antes de preguntar por la remuneración económica, deberías plantearte otras preguntas. Cambia el foco y trata, en primer lugar, de aportar valor tú.

La gran mayoría de los que están intentando vivir exclusivamente de las conferencias jamás evolucionarán a la misma velocidad que el mercado, la selección natural es inevitable.

Seguro que te estás preguntando por los cachés..., pero eso ¡es información clasificada! Los *fees* los marca el mercado, tendencias, popularidad televisiva... Lo cierto es que no todos los *speakers*, por famosos que sean, están capacitados para transmitir y cumplir los objetivos que pide el cliente.

A menudo, nos solicitan a un ponente en concreto para cubrir un tema que sabemos que le queda muy grande y que no será capaz de incluir los mensajes clave de un modo natural. Y por mucho que insistamos (con mayor o menor sutileza) en que se están equivocando, al final es una batalla perdida cuando lo único que buscan es hacerse la foto. Lo cierto es que un ponente bien elegido tiene un poder sorprendente. Si te lo dice tu jefe no le haces caso, pero si el que te lo comunica es un externo al que, además, seguramente admiras..., la cosa cambia.

En general, las grandes estrellas del deporte, los actores de moda y las presentadoras de *realities* están muy perdidos en cuanto a honorarios. No es su fuente de ingresos y, en muchos casos, no lo necesitan (y nos atreveríamos a decir que ni les apetece). Su agente suele ser el mismo que el de la televisión y esto lo complica todo sobremanera, porque no tienen ni idea del mundo empresarial. Te puedes encontrar con peticiones de maquilladora, estilista, chófer..., como si de una superproducción de cine se tratara. Llegues a donde llegues, recuerda que la humildad facilita las cosas, no te comportes como una caprichosa *superstar*. ¿En nuestra opinión? En lugar de invertir (algunas veces, derrochar) ese dinero en un único evento, conviene hacer varios impactos durante el año: talleres, conferencias, *team building*...

Por cierto, es habitual comprobar lo perdidos que están algunos —con varias subidas de caché al año— cuando se dispara la popularidad. Cada uno tiene sus estrategias, pero a nosotros —y a los clientes— se les disparan las alarmas. Sé coherente y honesto. Y no olvides tu vocación de servicio.

Todos estos fenómenos mediáticos (surgidos de grandes titulares o programas de moda) son un arma de doble filo. Tienes el efecto *wow* asegurado al principio y, seguramente, el efecto *bluf* garantizado al final.

Querido cliente: no todos los que son entretenidos en televisión actúan o escriben bien o están capacitados para enfrentarse a un auditorio. Déjate asesorar por nuestra experiencia.

Aviso para navegantes: las conferencias en inglés se cotizan más caras porque es diferencial. Si te surge la oportunidad, sé honesto. Lo vas a pasar muy mal si tu bilingüismo se convierte en el escenario en un «regulero» e insuficiente «nivel medio». Algunos te animarán diciendo que se valora más el contenido que el acento y que, con un poco de preparación, puedes hacerlo. No, si no hablas inglés con fluidez, olvídate. Puede que te aprendas de memoria tu ponencia, no serías el único, pero llegados al turno de preguntas, vas a quedar retratado.

¿La última moda? Cobrar en función del número de asistentes, tanto en presencial como *on-line*, según unos parámetros en escalado. Por cierto, fines de semana y festivos algunas veces se ven incrementados hasta en un veinticinco por cien.

Helperconsejo: No pongas todos los huevos en la misma cesta y ten otras fuentes de ingresos. Va a ser muy difícil que te mantengas solo como orador, al menos, en el corto-medio plazo. Pero no te desanimes, tener expectativas realistas es enfocarse, no rendirse. Ya sabes, no te dejes embriagar por la fiebre del oro: los conferenciantes no ganan un dineral, SOLO los buenos conferenciantes ganan dinero de verdad.

Firma del contrato

··

> «La parte contratante de la primera parte será considerada
> como la parte contratante de la primera parte»,
> Groucho Marx.

Tanto si firmas un contrato —por supuesto— como si lo cierras de palabra (y, generalmente vía *e-mails* o llamadas) has de ser serio y respetar lo acordado. Incluso si te has comprometido a colaborar en algún evento solidario y ese día te surge un trabajo de pago. Si has confirmado tu asistencia, apechuga (y sé más selectivo la próxima vez antes de decir *sí*, especialmente en temporada alta como es noviembre-diciembre).

Recoge los requisitos técnicos y los detalles de logística en la reunión de *briefing*. Es el momento de ponerlo todo sobre la mesa de negociación.

Cuando te contactan para un evento, lo más normal es que estén preguntando por ti y por otros tantos candidatos más a varias agencias. No lo des por cerrado si no han confirmado en firme y abonado el cincuenta por ciento de la factura). Nuestro consejo: bloquea tentativamente la fecha indicando en tu agenda «TBC» (*to be confirmed,* «pendiente de confirmación») para saber que, si surge otro compromiso, puedes atenderlo. Por supuesto, comunícalo a tu representante, en muchas ocasiones se puede modificar la hora (o, incluso, la fecha) de tu participación y puedes hacer doblete.

Una vez confirmado el evento y tu colaboración, es hora de leer la letra pequeña. Infórmate de si el organizador tiene intención de grabar la charla. No te lo aconsejamos, da permiso para que graben unos cuantos minutos testimoniales como mucho. De otra manera, tu trabajo se puede convertir —sin tú saberlo— en un infoproducto o acabar colgado en abierto en YouTube, restando poder de impacto a tus siguientes intervenciones.

Es muy común dar permiso para colgar la charla internamente durante un par de semanas y, si eres generoso, durante el curso escolar en el entorno educativo, pero repetimos, siempre en canal privado. De esta manera, pueden verte las personas que no tuvieron oportunidad de hacerlo en directo.

Cuidado también cuando te piden grabar un vídeo de difusión para redes sociales y te pasan un texto comercial sobre su empresa o producto. No seas ingenuo y les hagas publicidad gratis; una cosa es incentivar a los asistentes a que te escuchen el día del evento, y otra muy diferente, que te conviertas en imagen de la marca por la cara. Defiende tus derechos de imagen, los contratos de «embajador de marca» son un capítulo aparte.

Facilita al cliente, envía presentación con antelación, no exijas cambios de hora por capricho, no eres Mario Alonso o Victor (hemos visto en más de una ocasión cambiar el día de la convención para adaptarse a su agenda y poder contar con su presencia).

Algunos conferenciantes tienen empresas o sectores vetados con los que no colaboran por principios: casas de apuestas, tabacaleras, bebidas alcohólicas, empresas poco sostenibles... Es totalmente lícito declinar amablemente si tus valores no están en consonancia con los del cliente.

Helperconsejo: El día después del evento da las gracias de nuevo por escrito, pregunta el *feedback* y, una vez confirmado, el nivel de satisfacción; emite la factura por el tanto por ciento restante y los gastos derivados de desplazamiento si los hubiera. Dentro de tu ciudad no pases gastos de taxi, es muy cutre.

Cómo conseguir que se te llene el *parking*

> «Solo hay un jefe: el cliente, y él puede despedir a todos en la empresa»,
> Sam Walton.

¡Y llegó el momento! Estás motivadísimo, con tu conferencia niquelada y listo para salir a darlo todo. Ay, amigo, si ansías mover montañas, antes tienes que aprender a movilizar a la gente. Generalmente no vas a tener la presión por llenar la sala, ya que la mayoría de los eventos no los vas a organizar tú, y esa angustia se minimiza. No obstante, ya debes tener meridianamente claro que tener «aforo completo» no te garantiza la atención de los participantes, especialmente si no están allí voluntariamente.

Eso sí, hagas lo que hagas, vas a tener que lidiar con la maldición de la primera fila. Querido público, los asientos delanteros no dan calambre.

Sin duda, para que una convocatoria surta efecto y tenga éxito, es indispensable publicitarla. Una vez que tengas fecha confirmada para participar en un evento, anúnciala a toda tu comunidad, antes, durante y después. Tanto si se trata de un acto privado como si no, sacarás pecho y harás marca.

La mayoría de las empresas estarían encantadas de que tú dediques algo de tiempo para compartir su contenido en tus redes, pero no siempre es así; especialmente a las grandes corporaciones no les gusta aparecer en redes de evento en evento, ten claro cuándo puedes y debes nombrarlos. Nosotros recomendamos que no cites al cliente final si es un evento monoempresa y, mucho menos, etiquetes a la persona de contacto. Esto solo creará un efecto llamada entre tu competencia, que acudirán como buitres a picotear en tu cliente. No atraigas a los carroñeros y da las gracias por privado al cliente.

Cuando se trate de congresos, mesas redondas, jornadas formativas…, adelante, seguramente sea el propio organizador el que te pida ayuda con la difusión. Como es normal, toda la información que el propio cliente no difunda, evita colgarla tú, excepto si publicas sin etiquetar, ni nombrarlos, ni logos visibles que puedan identificar a la empresa en cuestión.

Si tienes la suerte de colaborar en un gran congreso, aprovecha para promocionar tu participación. Esmérate en la creatividad y diseña una imagen para tus posts que informe de los detalles de tu conferencia: modo de inscripción, lugar, fecha y hora. Inserta el logotipo del evento y el tuyo, si lo tienes..., y listo, a bombardear durante días en la web, blog, *e-mail marketing*, etc. Y si te vienes muy arriba, borra de un plumazo a los ochenta y siete conferenciantes de relleno, y pon tu foto bien grande al lado del único que ha cobrado, por cierto, el *keynote speaker*. No te sientas mal, lo hacen todos. Y no te olvides de empezar diciendo en el *copy* de tu post: «Hoy he tenido el honor de...» (guiño, guiño, codo, codo).

Si eres el organizador, considera la posibilidad de ofrecer descuentos a asistentes, empresas, etc. Ofrecer venta anticipada —con un precio de salida para ir incrementándolo a medida que se acerca la fecha— es una práctica habitual. Como el 2 × 1 que siempre funciona.

Las redes van a ser indispensables para poner en marcha la rueda. Ofrece un webinar gratuito, directos de Instagram... Recuerda que el algoritmo es caprichoso y no le vas a mostrar el contenido a todos tus contactos o posibles interesados. Insiste, invierte tiempo y hazte visible.

Al principio de tu fulgurante carrera, tendrás que recurrir a las tres «efes»: *family, friends and fools*. Ellos te quieren y te apoyan. Irán. Tira de agenda y contacta con aquellas personas interesadas en lo que haces, pero con los que aún no has trabajado. Probablemente, estarán encantados de asistir a un evento en el que conocerán de primera mano tu trabajo.

Si estás pensando en ofrecer un seminario o taller, una magnífica herramienta es crear una *landing page*. Gran titular que capte la atención, «dolor» que has detectado y solución que aporta tu seminario y ¡*voilà!* Un gran número de *leads* (lectores que han mostrado interés y han dejado sus datos) y una razonable tasa de conversión.

Los congresos, eventos y reuniones de negocio siguen siendo el mejor LinkedIn del mundo. Aprovéchalos para darte a conocer. Asiste a todos los «escaparates» que puedas y relaciónate para intentar captar el mayor número de asistentes posibles. La creatividad no está reñida con la credibilidad, no salgas sin tu libro e, incluso, ve más allá y hazte unos marcapáginas personalizados con un código QR a tu web... Olvídate de las obsoletas tarjetas de visita, es preferible intercambiar perfiles de LinkedIn.

Comunícalo por *e-mail* a toda tu lista de contactos. Si has conseguido construir una buena lista, sería suficiente, pero si aún no la tienes debes reforzarlo con mucho *networking*. Pide a tus conocidos que compartan tu evento.

Busca alianzas estratégicas dentro de tu sector. Seguro que conoces a grandes profesionales que, sin ser competencia directa, ofrecen servicios complementarios a los tuyos. Aprovechad sinergias. La visibilidad aumentará exponencialmente.

Nosotros hemos aprovechado la base de datos de algún organizador de eventos para difundir convocatorias de talleres, seminarios... Así podemos impactar en un público segmentado. Puedes ofrecer una remuneración a «tu *partner*» para incentivarle, así él también se verá beneficiado y su implicación aumentará.

Otro fenómeno que vas a experimentar es ver un sustancial incremento en el número de tus seguidores. Bienvenido al paseo de la fama y disfruta el momento.

Helperconsejo: De una buena conferencia salen al menos dos en el futuro, es habitual que se te acerque algún «cazatalentos» que quiera ofrecerte impartir una conferencia en su empresa o formar parte de su dosier. No olvides quién te puso allí.

Escaparate sí, pero criterio también. No te abarates

«Cuanto más tiempo pase sin que actúes,
más dinero estás dejando de ganar»,
Carrie Wilkerson.

¿Trabajarías gratis en alguna ocasión? No es una cuestión de blancos o negros, sino de grises.

Vale, te han invitado a un congreso, te han asegurado que les encantaría que formases parte de su panel de oradores…, y que será un gran escaparate para ti. Aquí ya se te han encendido las luces de alarma: olvídate de pasar por caja, majete. Pero, tú, tienes tantas ganas de ponerte frente al público que dejas que se aprovechen.

El problema está en que esta fórmula probono se está convirtiendo en la práctica habitual, con el acuerdo *ad honorem* tú te luces, te ayuda a foguearte hasta alcanzar tu mayoría de edad «artística» y los organizadores (que seguramente tienen pulmón financiero y respaldo de patrocinadores) rellenan gratis gran parte del cartel.

Aceptarlo o no está en ti. De hecho, habrá eventos donde pagarías por estar (no eres el único que compra su *expertise*). Pero, cuidado, no te abarates, porque lo que se está produciendo es una erosión de los cachés. ¡Ponte en valor! Aquí la labor de unos buenos agentes que te representen es fundamental, que no seas tú uno de los que no cobran de todo el panel.

Cotízate según tu experiencia y tus valores. Por supuesto que, si es algo benéfico y la causa lo merece, la satisfacción de ayudar ya será suficiente recompensa: ayudando nos ayudamos todos. Pero atento a los abusos de las fundaciones, no todas tienen la sede en el 1.º B de un barrio obrero. Hay organizaciones muy potentes avaladas por grandes multinacionales o instituciones donde, por cierto, todos cobran su sueldo.

Generalmente, los conferenciantes profesionales colaboran en algún evento solidario al año, además, muchos *speakers* tienen tarifas especiales para el sector de la educación, pero la avalancha de peticiones siempre rebasa con creces la capacidad de atenderlas.

Imaginamos que, como el resto de los conferenciantes, tienes la mala costumbre de comer todos los días. Ten cabeza y selecciona: por cada *sí* que das es un *no* que te das para otras cosas. Diferencia entre estar disponible *vs.* decir que sí a discreción; no caigas en la trampa de querer satisfacer a todos y, después, tener que rechazar trabajos de pago (porque ya estás comprometido en un evento sin remuneración) o verte obligado a hacer malabares para cumplir. Por el bien de tu salud emocional y financiera, es crucial que aprendas a decir que no de un modo asertivo. No dejes que te manipulen, declinar con educación no significa que estés siendo egoísta o que no tengas empatía.

¿Qué queréis que os digamos? Nosotros no entramos a una tienda a comprar si no tenemos dinero suficiente. El problema es que todo el mundo quiere pescadillas gordas que no pesen y, en más de una ocasión, hemos tenido que preguntar al organizador aquello de «¿a ti te pagan por tu trabajo?, pues a nuestros ponentes, también».

Ponentes de relleno nunca van a faltar en los eventos (especialmente de segunda división y tercera regional), algunas personas sienten que tienen que aceptar todo lo que se les presenta, pero el mercado ya está dando sobradas muestras de cansancio por intrusismo y competencia desleal. ¡Ahora todos son *speakers*! Salen a hablar —poseídos por el espíritu verborreico— y no dejan de hablar y hablar y bla, bla, bla... Puro ejercicio narcisista.

Helperconsejo: Si estás en fase de rodaje y necesitas apuntalar tu credibilidad, trabajar gratis puede salirte muy rentable. Nadie ha aprendido a montar en bici leyendo un manual y, por supuesto, el retorno no se mide únicamente en forma de contraprestación económica, sino en visibilidad y oportunidades laborales.

Charlas TED y otros foros
. . . .

«Siempre entrega más de lo esperado»,
Larry Page.

Aviso para principiantes: las charlas TED (las primeras, las originales, ahora el nivel es regular tirando a mediocre) son una *master class*. Si quieres hacer una conferencia de impacto e inspiradora, escúchalas —y estudia— las más vistas en bucle.

Actualmente las franquicias TED (siglas de Technology, Entertainment, Design, esa asociación sin ánimo de lucro, en teoría, que nació para difundir ideas brillantes) ya tienen más de tres mil charlas colgadas en internet. Pero el fenómeno está muriendo de éxito: al concederse tantas licencias, se ha democratizado, y llega a auditorios de provincias tristes, desvirtuado el concepto y la calidad original. Actualmente, los videos de este tipo de charla tienen un impacto casi nulo.

Exactamente dieciocho minutos, ni un segundo más, es el tiempo del que disponen los oradores para cambiar el mundo. Muchas veces, a pecho descubierto, sin efectos especiales, ni diapositivas que distraigan. Salida al escenario, segundos de silencio y... ¡boom! Una frase persuasiva o una pregunta rompedora que impacta brutalmente en el cerebro y en el corazón del público.

En el resto de la ponencia el ritmo es igual de trepidante, generalmente, recurren al viaje del héroe o a un *storytelling* digno de óscar. Todo ello, con una economía del lenguaje magistral para decir lo máximo recurriendo a lo mínimo. Ese es el superpoder de las charlas TED genuinas: ideas impactantes, sin divagaciones y una conexión con la audiencia absoluta.

Seguramente te preguntarás por qué dieciocho minutos máximo. Es el tiempo que duró uno de los discursos más famosos de la historia, el de Luther King y aquel estribillo insistente del «*I have a dream*» que le hizo inmortal. El *timing* también responde a cuestiones prácticas: la atención sostenida solo puede mantenerse durante quince minutos. Así somos.

Las temáticas son variopintas, pero siempre altamente motivadoras. Así que, ya sabes. Busca tu idea, dale forma y asegúrate de que valga la pena compartirla.

Tienen o tenían unas normas muy estrictas para conceder la licencia que, como siempre, al democratizarse han perdido la magia. Carácter solidario, no venderte ni buscar apoyo económico, aporta un prisma inédito...

Helperconsejo: Si eres uno más, serás uno menos.

Escuela de Speakers

Ojalá nos hubieran formado en oratoria desde niños, algo habitual en los países anglosajones... Pero no es así. Ojalá nos hubieran facilitado clases de comunicación efectiva en el trabajo... Pero no es así. ¿Y si dejas de esperar a que las cosas vengan a ti y vas tú a por ellas?

Todos somos actualizables, todos tenemos un margen de mejora que estamos obligados a ir superando una y otra vez para no estancarnos y pasar de pantalla. ¿Por qué no te animas a venir a nuestra Escuela de Speakers? No es formación, es transformación.

Ponemos a tu disposición varios formatos en función de tus necesidades y del grado de profesionalidad que quieras alcanzar. Dispones de varios programas diferentes aptos para cualquier persona que quiera mejorar su habilidad de hablar en público, aumentar su valor profesional entre un treinta y un cien por cien su capacidad de ser escuchado, de vender sus ideas, sus proyectos, de liderar equipos, y de venderse a sí mismos. ¡Nosotros te ayudamos!

Los cursos son impartidos por profesionales (oratoria, PNL, técnicas escénicas, marca personal...) con más de quince años de experiencia y miles de alumnos satisfactoriamente formados.

Especialmente indicados para profesionales, directivos, emprendedores, docentes, actores, políticos e, incluso, conferenciantes profesionales que quieran mejorar y aumentar su valor. Encontrarás asesoramiento y ayuda profesional en nuestros *helpers*.

Sabemos que eres una persona ocupada, que no tienes tiempo, pero nos negamos a que se haga en formato *on-line*, desde la comodidad de tu casa o despacho. Nos lo han solicitado cientos de veces, especialmente desde Latinoamérica, pero no queremos engañarte ni que pierdas el tiempo. Hay que trabajar el miedo escénico.

Imponemos la presencialidad como norma para hablar en público..., ¡hace falta hablar en público! Sentir que no te prestan atención, el agobio de los focos..., lo necesitas, créenos. Cuando sientes ese vértigo, el miedo y la inseguridad es cuando más posibilidad de crecimiento hay.

Vamos a entender qué le pasa a nuestro cuerpo cuando experimentamos ansiedad por hablar en público y a ponerle remedio. Cuando se activa la amígdala porque nos sentimos en peligro. Además, sabrás cómo moverte por el escenario, comunicar con todo tu cuerpo, jugar con los silencios... Hablar en público no es una ciencia, es un arte.

Igualmente, desaconsejamos la consultoría privada *one to one*, aunque sea presencial. Es el formato que solicitan muchos directivos, pero hay que perder el miedo al grupo. Es cierto que vemos mucho más avance cuando se trata de un grupo heterogéneo formado por desconocidos. El liderazgo jerárquico hace que muchos directivos eviten mostrarse vulnerables frente a su equipo, prefieran jugar con el comodín del anonimato e integrarse en otro grupo de personas (que suelen encontrase en la misma situación). Además, es una oportunidad para hacer un *networking* excelente.

El número ideal por grupo es de quince personas, lo suficientemente pequeño como para brindar una atención personalizada, poder corregir los errores y retroalimentarnos, pero lo suficientemente grande como para «imponer» y sentir ese punto intimidatorio que queremos trabajar.

Contamos con instructores de auténtico nivel, como Íñigo Sáenz de Urturi, «el mago de la comunicación», experto en comunicación oral escénica, formador ejecutivo, profesor en la Universidad Complutense de Madrid y con un palmarés apabullante: Mejor Formador de 2018, Segundo Premio Nacional de Oratoria 2016 y 2017 y Primer Premio de Oratoria Zona Norte de España, además de varios premios de magia profesional.

Lejos de otras escuelas simplemente de oratoria (estamos orientados a profesionalizar la figura del conferenciante), nuestra propuesta está basada en la práctica, es un curso eminentemente participativo en el que el que menos habla es el profesor. No te vamos a poner un vídeo tras otro para que aprendas a hablar como Steve Jobs o Churchill. La técnica del «caso práctico» no es nada práctica. Si imitas no eres genuino y no impactarás. Además, las imitaciones se pagan más baratas.

Déjate asesorar por profesionales y recibe una formación específica. Oratoria, expresión corporal, un curso de *storytelling*, marca personal, redes sociales… Es evidente que, si eres una persona poco expresiva, no vas a pasar de la noche a la mañana a gesticular y a moverte por el escenario como una vedete desinhibida. Además, respetamos la personalidad de nuestros alumnos. De ahí esa obsesión por cortar el traje a medida y analizar cada caso.

Helperconsejo: Recuerda que los profesionales que aprenden a hablar en público incrementan su valor de mercado de entre un treinta y un cien por cien. ¿A qué estas esperando? Multiplica el impacto de tus intervenciones y forma parte de nuestra comunidad..., recuerda: ¡somos *helpers* y nos encanta ayudar!

EPÍLOGO DE ORO:
DÍEZ «SÍES» Y DIEZ «NOES»

- No es lo mismo hablar que comunicar.
- No es lo que dices, sino cómo lo dices.
- No hay una idea buena que soporte una mala presentación.
- No pienses en palabras, sino en ideas.
- No estás leyendo en público, estás hablando en público.
- No cualquiera con una idea potente puede dar una charla potente.
- No eres el protagonista, aunque seas el centro de atención.
- No trates de vender, sino de ayudar a que te compren.
- No te limites a estar, sé.
- No puedes dejar de leer, de investigar ni de innovar.
- Si quieres hablar bien en público, prepárate antes bien en privado.
- Sí, habla con pasión, desde el corazón.
- Sí, sé natural, opta siempre por la sencillez y la claridad.
- Sí, la creatividad se paga. Y se paga bien...
- Si quieres ser original, prepárate para que te copien.
- Si lo puedes decir con tres palabras, no uses cuatro.
- Sí, apuntala tu discurso con alguna nota divertida.

- Sí, cierra el PowerPoint y abre tu mente.
- Sí a utilizar frases «para enmarcar» que se viralicen.
- Si eres uno más, serás uno menos. Diferenciación.

Hemos recorrido un largo camino juntos y hemos llegado a nuestro destino. Este libro termina aquí, pero no está acabado, en absoluto, ahora es tu turno para escribir tu propia historia. Tienes la palabra, tu público te espera.

ANECDOTARIO DE
NUESTROS *HELPERS*

Hemos lanzado ocho preguntas a algunos de nuestros *helpers speakers*: Victor Küppers, Javier Iriondo, Bisila Bokoko, Ángel Rielo, David Meca, Mario Alonso Puig, Paul Montiel *Hombre de titanio*, Alejandra Vallejo-Nágera, Albert Bosch, Dani de la Cámara, Teresa Viejo... Seguro que aprendes y te diviertes con sus respuestas.

Aquí tienes un aperitivo con una selección de respuestas. Puedes verlo completo en nuestro blog (en la página de *Helpers Speakers*).

¿Cómo fue tu primera vez sobre un escenario?

Totalmente casual. Con catorce años yo daba clases de tenis (intenté ser *pro*), empecé a hacer imitaciones mientras esperaba a mi madre, que siempre llegaba tarde a buscarme. Vi que todo el mundo se reía y ya me entró el gusanillo... Al final acababa haciendo el imbécil en las cenas de final de curso, no ganaba nunca, pero hacía mi actuación. Y desde entonces no he parado. (Dani de la Cámara)

La primera vez sobre un escenario fue una experiencia traumática que hizo que durante mucho tiempo no quisiera volver a subirme de nuevo. (Bisila Bokoko)

¡Maravilloso comienzo! Fue a los trece años, mi primera actuación de magia. Yo iba de la mano de mi mentor, pero, aun así..., no vi ni al público. Eran tantas las entradas sensoriales, los focos, la música, lo que tenía que hacer..., que no sé ni si dije «hola», ja, ja, ja, ja, vaya recuerdos. (Íñigo Sáenz de Urturi)

¡Uf!, lamentable. Mi corazón estaba en la garganta y no le dejaba emitir sonido a mi voz. Fue una intervención corta, sencilla y en un ámbito controlado de dinámicas de trabajo en equipo dentro de la empresa para la que trabajaba. Si ese día me decís los *Helpers* que en un futuro iba a dedicarme profesionalmente a impartir conferencias, no os hubiese creído. (Inés Torremocha)

¿Algún momento de tierra trágame?
· ·

Muchísimos, pero muchos. Salir y que ni Dios te escuche o cuando en el último momento te dicen que la mitad son extranjeros. La peor fue una que se estaba riendo mucho la gente, justo era la semana de la boda de la hija de Aznar y claro, cómo no va a hablar un cómico de eso. Resultaba que estaba la abuela de Ana Aznar entre el público y la gente lo sabía. Cagada total. (Dani de la Cámara)

En un teatro del norte de España, con un efecto de pirotecnia, se nos incendió el telón. Aquello pudo ser una tragedia, pero conseguimos que pareciese que era parte del espectáculo y salimos triunfantes por la puerta grande. (Íñigo Sáenz de Urturi)

¿Ritual antes de salir?

No paro, hago planchas sobre la pared, camino, me visualizo en el escenario y... tengo que ir al baño, siempre. (Paul Montiel, *Hombre de titanio*)

Mover mucho el cuerpo y hago unos espartanos, como en la peli de *300*. «Auuuh, auuuh, aaaaaauhhh», así varios minutos. Y me gusta meditar, ver cómo estoy, respirar, hago un chequeo, pensamientos de mi cabeza. (Dani de la Cámara)

Sí, quitarme del medio, aparcar el ego, saber que no va sobre mí, que va sobre el público, repetirme que tengo un mensaje que el público necesita oír. A veces, antes de salir también me pongo una canción que me lleva a un momento inspirador muy especial que me carga de energía. (Javier Iriondo)

Tomar dos o tres cafés para estar activo y dándolo todo. Eso se contagia al público y no se pierden ningún mensaje. (David Meca)

Siempre llevo un folio doblado en tres partes, en una tengo anotado el esquema de mi presentación, en otro los mensajes o frases clave, y en la otra, los nombres o marcas importantes del evento que tengo que mencionar. Y justo antes de salir voy al lavabo y aprovecho para revisar estas anotaciones. (Albert Bosch)

¿Cómo controlas los nervios?

Lo que hago es hablar con esos nervios y jugar con ellos, para que esa energía juegue a mi favor. Esto se entrena, no es fácil, pero se consigue y te hace estar más atento. Los nervios siempre a favor, amigos. (Dani de la Cámara)

Ya no tengo nervios, ahora disfruto y tengo muchas ganas de salir a hablar. Antiguamente creo que la forma era intentar prepararme muy bien, fijándome en las caras más favorables, las que más me intentaban ayudar y, sobre todo, preparando bien el inicio, porque si arrancas bien la conferencia todo es mucho más fácil. (Victor Küppers)

La manera de controlar los nervios es preocuparte por lo que puedes controlar y lo que tienes que decir y no preocuparte por lo que puede pasar o qué van a pensar. Llenar tu cabeza de cosas útiles. (Pirri Esgrima)

Como le escuché al maestro Alonso Puig, otro Helpers Speakers, cada vez que comienzo mi conferencia tengo miedo, pero el miedo no me tiene a mí. Mi manera de no tener nervios es pensar única y exclusivamente en un resultado extraordinario. (Inés Torremocha)

¿Cuál es el mejor consejo que darías a alguien que está empezando?

Hay que innovar, hacer cosas diferentes, hoy en día hay muchos ponentes y tienes que buscar algo que te haga especial. Sé único, sé especial, habla desde la experiencia, y fórmate para que llegues a dominar el escenario. (David Meca)

Que sea auténtico y aporte valor. Sobre todo, huyendo de frases y tópicos. No pagan a un conferenciante para que diga cuatro frases inspiradoras de Instagram. Que intente usar el mínimo PowerPoint y sobre todo muy poco texto. Que sea muy respetuoso y transparente con las agencias o el origen del contacto con el cliente. Y si es un conferenciante experiencial (que la base de sus charlas sean sus propias experiencias), que sea honesto, veraz y no exagere. Me he encontrado demasiados conferenciantes que o exageran o directamente se inventan o manipulan parte del relato, y esto, aparte de no ser ético, les puede perjudicar a medio y largo plazo en su reputación y confianza. (Albert Bosch)

Uno que me dieron a mí. Que la persona importante no es la que habla, la que está en el escenario, la importante es la que te está escuchando, y que tú tienes que ponerle la misma ilusión y las mismas ganas que la primera vez, aunque hayas explicado esos conceptos 349 veces. (Victor Küppers)

¿Trabajar gratis sí o no y cuándo?

Siempre que sea labor social y ayude a otros a encontrar su camino, allí estaré. (Paul Montiel, *Hombre de titanio*)

Por supuesto, pero en algunos sitios solo. Porque, si no, ¿de qué vas a vivir? Es bueno para probar cosas nuevas y no hacerlo cuando te están pagando porque es una falta de respeto. Llevo treinta años trabajando y lo sigo haciendo. Hay ciertos locales de toda la vida que son como mi gimnasio. También me encanta hacer actuaciones benéficas, creo que aporto más así que con una suscripción mensual. Porque la ONG o la fundación que sea fideliza más a sus donantes, les has hecho reír y se van felices. Además, cuanto más das más tienes. (Dani de la Cámara)

Sí, por supuesto, trabajar gratis, sí. Para colegios, para ONG, para hospitales... Hago muchas conferencias gratis cada año y son las que más me gustan porque la gente viene voluntaria. A las conferencias de empresa, los empleados vienen obligados y no siempre con ganas. Las personas a las que la vida nos va bien tenemos la obligación de ayudar a los que no han tenido tanta suerte. (Victor Küppers)

Hasta hace algunos años no me atrevía a negarme a participar en algo que no me iba a reportar ningún beneficio económico. Pero, al menos en mi caso, algunas instituciones han abusado tanto que ya he aprendido que, si yo misma no doy valor económico a lo que voy a compartir, tampoco lo harán ellos. Me ha costado gran cantidad de años y dinero formarme para escribir y enseñar. (Alejandra Vallejo-Nágera)

¿Qué es lo mejor y lo peor de tu trabajo?

Lo mejor y lo peor se junta en que no te puedes relajar, siempre tienes que estar mejorando, porque si no mejoras empeoras. Aquí no hay ingresos pasivos por no hacer nada. Si no estás en forma, es muy parecido al deporte, si no sigues entrenado y formándote empeoras. (Dani de la Cámara)

Lo mejor, el agradecimiento de las personas, conocer diferentes empresas, circunstancias, personas, ciudades. Lo peor, la soledad, sin ninguna duda. El viaje de antes y el de después, pura soledad. (Victor Küppers)
   Lo mejor de mi trabajo es poder llegar a la gente, y que se lleven algo de lo que yo les cuento. Lo peor es quizás la incertidumbre del mundo de los eventos, hoy lo tienes, mañana no, se cambia la fecha, el cliente decide otra cosa... (Pirri Esgrima)

Lo mejor es la sensación de haber inspirado a alguien y lo peor es que va por épocas y no hay una regularidad salvo que seas un *top speaker* consagrado. (Bisila Bokoko)

¿Alguna anécdota graciosa que te haya pasado en un evento?

Durante una conferencia en Latinoamérica estaba relatando una anécdota donde no había asistido casi público y dije: «No vino ni el Tato». Al final de mi intervención se me acercó «el Tato» y me dio las gracias por haberle nombrado. (Mario Alonso Puig)

Una vez llegué a dar una conferencia para una compañía de seguros y llevaba puesta una chaqueta de otra compañía de seguros, ja, ja, ja. Esa chaqueta hacía muchos años que me la habían regalado y después de tanto tiempo no era consciente de lo que ponía. Para mí era la chaqueta de lluvia, ese día llovía, y claro... (Victor Küppers)

Pues la más divertida fue en el aniversario de Proyecto Hombre que preside la reina Sofía, todos mis amigos me decían que no sería capaz de imitar al rey (que se me da bien hacerlo) y me lancé, le dije que estar frente a ella me llenaba de «orgullo y satisfacción» y todo el mundo arranco a reír, aunque su seguridad se echaba las manos a la cabeza. (Ángel Rielo)

Estaba esperando mi turno para salir al escenario mientras hablaba el CEO de la empresa. Por error me habían desmuteado y me vino un estornudo de esos que se van preparando poco a poco. Yo hacía solo una semana que podía estornudar, pues venía de recuperarme de un accidente en el que me había roto siete costillas. Y como estaba apartado del público, me solté a tope, sin saber que mi micro estaba de nuevo conectado. En la sala se oyó un trueno enorme en forma de estornudo amplificado a todo volumen. Todo el mundo se rio, pero nadie sabía quién había sido. Lógicamente no podía esconderme y empecé con ese tema, pidiendo que levantase la mano el autor de tan generoso estornudo. Como nadie levantó la mano, yo levanté la mía y me inculpé, explicando la anécdota de fractura de costillas. Fue muy divertido, creó mucha conexión con el público y, al fin, uno de los mejores inicios de conferencia que recuerdo. (Albert Bosch)

En una conferencia, como no paro de moverme en el escenario, la prótesis se me enganchó en la tarima, perdí el equilibrio y me fui al suelo. Me sirvió para dar pie a una reflexión: cáete mil veces y levántate mil y una. El público aplaudió entusiasmado. (Paul Montiel, *Hombre de titanio*)

Fue en una sede de congresos donde se impartían distintas ponencias en salas diferentes. Al final de la mía, se acercó una persona y me dijo que le había gustado, aunque se sorprendía de que yo no hubiese mencionado en ningún momento algo sobre los problemas de nuestro idioma en el mundo hispanoparlante. Yo no entendía nada. Ella tampoco. Al final resultó que se había equivocado de sala. Iba a una que impartía una lingüista sobre el tema de los dialectos del español y su problemática. Mi conferencia se titulaba «Creatividad para resolver problemas», y aquella persona pensó que era lo mismo. Aguantó hasta el final esperando que yo arrancase, de una vez, con lo que había ido a escuchar. (Alejandra Vallejo-Nágera)

(Esta te sonará…, ¿verdad, Raquel?). En una entrega de premios sin ensayos, mala organización y prisas… y el auditorio lleno de autoridades. Yo, además de impartir una conferencia, ejercía de maestro de ceremonias. Tuvimos que pedir un pinganillo y Raquel, de Helpers, escondida en un armario me iba chivando los nombres y las categorías. Ella a oscuras, iluminando los papeles con el móvil durante casi hora y media. Fue gracioso y terrible a la vez, pero salimos adelante, nadie se dio cuenta y nos contrataron para dos eventos más. (David Meca)

PASEN Y LEAN: LOS MEJORES LIBROS DE NUESTROS *HELPERS* SPEAKERS Y BIBLIOGRAFÍA

Ha llegado el momento de pasar página. Para saber hablar bien hace falta saber leer, aquí te recomendamos algunos de los mejores libros. Hay muchos más, nuestra recomendación es que leas cuanto más mejor.

Bibliografía

Martin, S. & Marks, J. (2021). *Messengers: Who we listen to, who we don't, and why.* Harvard Business Review Press.

Galán, M. (2018) Método Bravo. Alienta editorial.

Allen, S. (2019). *Técnicas prohibidas de persuasión, manipulación e influencia usando patrones de lenguaje y técnicas de PNL.* Editorial EDAF.

Castellanos, L. (2017). *La ciencia del lenguaje positivo.* Plataforma Editorial.

Téllez, N. (2016). *El ponente atractivo.* Planeta.

Sánchez, R. & Ripoll, J. (2019). *Una empresa redonda: El viaje de Magallanes y Elcano que cambió el mundo.*

Brock, A. M. (2016). *Somos lo que comemos, pero lo que comemos puede ayudarnos a ser mucho más de lo que somos.* Planeta.

Givens, D. (2013). *El lenguaje de la seducción.* Urano.

Cerro, R. (2017). *Cómo hablar como un perfecto imbécil.* Editorial Ariel.

Recolons, G. (2017). *Si no aportas, no importas.* LID Editorial.

Campo Vidal, M. (2019). *¿Por qué los españoles comunicamos tan mal?* Editorial Aguilar.

De las Heras, M. (2016). *Oratoria con PNL.* Planeta.

Pérez de las Heras, M. (2014). *El secreto de Obama.* Planeta.

Ramón Cortés, F. (2019). *La isla de los cinco faros.* Ediciones Destino.

Cicerón (2007). *Diálogos del orador.* Editorial Gredos.

Carnegie, D. (2017). *Hablar bien en público.* Grupo Planeta.

Carnegie, D. (2017). *Cómo ganar amigos e influir en las personas.* Grupo Planeta.

Pérez Ortega, A. (2017). Marca personal. Ediciones Pirámide.

Pedroche, A. & de Vicente, F. (2018). Posiciónate tú primero. LID Editorial.

Pimentel, Manuel (2019) Cómo hablar bien en público para conseguir lo que deseas. Ediciones Obelisco.

Martín, R. (2018). El poder de tu marca personal. Ediciones Pirámide.

Asensio, A. (2020) Vidas en positivo. B de Bolsillo.

Bibliografía sobre liderazgo, *management* y desarrollo personal

Ángel Rielo (2017). *Pequeño libro de la felicidad.* Alienta editorial.

Daniel Goleman (2013). *La inteligencia emocional.* Editorial Kairós.

Deepak Chopra (1995). *Las siete leyes espirituales del éxito.* Editorial Amber-Allen Publishing.

Eckhart Tolle (1997). *El poder del ahora.* Editorial Gaia Ediciones.

Enrique Jurado, (2015). *Quiero Darte Coaching.* Uno Editorial.

Inés Torremocha (2018) La vida es venta. Alienta editorial.

Javier Benavente Barrón (2015). *Quédate conmigo. 20 claves para enamorar a tus clientes… y que se queden contigo.* Editorial LID.

Javier Iriondo (2018). *La vida te está esperando.* Planeta.

John C. Maxwell (2000). *El lado positivo del fracaso.* Editorial Grupo Nelson.

John C. Maxwell (2007). *Las 21 cualidades indispensables de un líder.* Editorial Grupo Nelson.

John C. Maxwell (2007). *21 leyes irrefutables del liderazgo.* Editorial Grupo Nelson.

Jordi Alemany (2018). Liderazgo imperfecto. Planeta.

Jill Taylor (2008). *Un ataque de lucidez.* Editorial Paidós.

Ken Robinson (2009). *El elemento.* Editorial Grijalbo.

Laszlo Bock (2016). *La nueva fórmula del trabajo.* Editorial Conecta.

Luis Pasamontes (2016). *El liderazgo del gregario.* Alienta editorial.

Mario Alonso Puig (2008). *Vivir es un Asunto Urgente.* Editorial Espasa.

Mario Alonso Puig (2013). *Reinventarse, tu segunda oportunidad.* Editorial Espasa.

Mario Alonso Puig (2015). *Cociente Agallas.* Editorial B de Bolsillo.

Pilar Llácer, (2019). *Te van a despedir y lo sabes.* Editorial Almuzara.

Richard Branson (2009). *Hagámoslo.* Editorial Empresa Activa.

Robert Dilts y Stephen Gilligan (2011). *El viaje del héroe: un camino de autodescubrimiento.* Rigden Institut Gestalt.

Simon Sinek (2015). *Los líderes comen al final.* Editorial Empresa Activa.

Toni Nadal (2017). *Todo se puede entrenar.* Alienta editorial.

Victor Küppers (2016). *Vivir la vida con sentido.* Alienta editorial.

Dale Carnegie (2017). *Cómo ganar amigos e influir sobre las personas.* Editorial Elipse.

Libros de inspiración, biografías, superación, aventuras de nuestros *Helpers Speakers*

Abajo Pirri, José Luis (2015). *De la actitud al éxito.* Alienta editorial.

Bokoko, Bisila (2023) *Todos tenemos una historia que contar.* Plataforma Testimonio.

Bosch, Albert (2013). *Vivir para sentirse vivo.* Ediciones B.

Dean, Nacho (2014). *Libre y salvaje.* Planeta.

De la Prada, Agatha. (2022) *Mi historia*. La Esfera de los Libros.

Esgueva, Mónica. (2013) *Los 3 pilares de la felicidad: Estrategias para hacer de tu mente tu mejor aliada*. Ediciones Oniro.

Fernández, María (2017). *Pequeño libro que hará grande tu vida*. Círculo Rojo.

García Aguado, Pedro (2012). *Mañana lo dejo*. Amat Editorial.

Iglesia, Julio de la (2018). *El miedo es de valientes: Los secretos de un TEDAX para desactivar el miedo y pasar a la acción*. Alienta editorial.

Llovera, Albert (2016). *No limits*. Planeta.

Kurtis, Mónica. (2023) *Potencia tu creatividad de la mano de la neurociencia*. Larousse.

Maravilla Martínez, Sergio (2012). *Corazón de rey*. Planeta.

Meca, David (2004). *Yo no temo a los tiburones*. Planeta.

Montiel, Paul (2022). *Hombre de titanio: una historia de superación*. Editorial Valores.

Padula, Euprepio (2020) *Don de gentes: La clave para triunfar en la vida*. Alienta editorial.

Pasabán, Edurne (2013). *Catorce veces ochomil*. Planeta.

Perales, Teresa (2012). *La fuerza de un sueño*. Editorial Conecta.

Quintas, Cipri (2017) *El libro del networking*. Alienta editorial.

Rielo, Ángel (2015). *Pequeño libro del amor*. Alienta editorial.

Marian Rojas Estapé (2018) *Cómo hacer que te pasen cosas buenas*. Planeta.

Marian Rojas Estapé (2021) *Encuentra tu persona vitamina*. Espasa.

Taronjí, Quico (2018). *Aislado, historia de un náufrago*. Harper Colllins.

Viejo, Teresa (2022). *La niña que todo lo quería saber: La curiosidad*. Harper Collins.

Vizcaíno, Álvaro (2017). *Solo*. Alienta editorial.

Este libro, por encomienda de la editorial Almuzara, se terminó de imprimir el 9 de junio de 2023. Tal día, de 1815, en Austria se termina el Congreso de Viena y se instaura la nueva situación política en Europa.